ALGÉRIE.

CONDITIONS ESSENTIELLES

DU

PROGRÈS EN ALGÉRIE,

Pour faire suite à l'Ouvrage intitulé :

DE LA NÉCESSITÉ DE SUBSTITUER LE GOUVERNEMENT CIVIL AU GOUVERNEMENT MILITAIRE, POUR LE SUCCÈS DE LA COLONISATION D'ALGER ;

PAR

M. LEBLANC DE PRÉBOIS (François),
Capitaine d'État-major.

On a reproché aux colons d'Alger de ne s'occuper que de jardinage et de délaisser la grande culture ; ils ont répondu : *Donnez-nous de la sécurité.*

....

Dès qu'un empire ne s'élève plus, il diminue.
Le prince de LIGNE.

PARIS.

CHEZ DELAUNAY, LIBRAIRE, AU PALAIS-ROYAL,

GRANDE GALERIE DE PIERRE, No 182 ET 183.

MONTPELLIER.

CHEZ BOEHM ET COMP., IMPRIMEURS-ÉDITEURS.

1840.

TABLE.

—

Fin de la Table.

ERRATA.

Page 53, lig. 2, au lieu de ponts, *lisez* ports.
Page 64, lig. 16, au lieu de Coéiah, *lisez* Coleah.
Page 89, lig. 19, au lieu de 9,446,400, *lisez* 9,444,000.

A la Société coloniale, à la Chambre de Commerce et aux Colons

DE L'ALGÉRIE.

MESSIEURS,

SI *je ne vous ai pas dédié le premier Ouvrage que j'ai publié sur les affaires de l'Algérie, vous en comprendrez aisément la raison. Il contenait beaucoup de blâme sur presque toutes choses; je devais donc seul assumer une responsabilité qui aurait pu peser sur vous, car une dédicace suppose toujours quelque connivence entre l'auteur et les personnes qui l'acceptent.*

Aujourd'hui que vous avez élevé la voix contre un système qui paralyse vos efforts, je puis donc, sans vous exposer, vous offrir un Ouvrage qui tend à l'anéantir et à consolider l'existence d'une conquête si précieuse pour la France.

Si j'ai compris les besoins de l'Algérie, et si je les ai exprimés de manière à obtenir votre approbation et à préparer un avenir prospère au pays de notre adoption, tous mes vœux seront remplis.

Je vous prie, Messieurs, d'agréer l'expression de mes sentimens de haute estime et de sincère affection.

F. DE **PRÉBOIS.**

INTRODUCTION.

Dans notre première brochure intitulée : *De la nécessité de substituer le gouvernement civil au gouvernement militaire, pour le succès de la colonisation d'Alger*, nous avons prouvé qu'il n'y avait aucune espérance de voir Alger marcher dans la voie du progrès, tant que le gouvernement militaire pèsera sur notre colonie; nous avons démontré que la population arabe était hors d'état de nous opposer un obstacle sérieux, et qu'elle ne pouvait nous être d'aucun secours dans l'œuvre de la colonisation. Nous avons exposé un système d'occupation partielle et successive, qui, en faisant rentrer les chefs de l'armée dans leurs véritables attributions, permettrait enfin à un pouvoir éclairé de procéder véritablement à l'œuvre de la colonisation.

Dans ce second ouvrage, nous chercherons à préciser davantage ce que nous n'avons pu développer dans le premier. Néanmoins, on ne doit pas s'attendre à y trouver très-développés, des préceptes pratiques pour coloniser. Il est des questions de principe qu'il est important de faire ressortir, de faire adopter, et sans lesquelles tous les efforts des colons seront vains : dans la solution de ces questions est l'avenir de la colonie.

Un grand nombre d'écrits ont paru cette année sur l'Algérie; c'est en vain que nous y avons cherché quelque idée-mère d'une grande création. Chacun des auteurs s'est contenté de désigner vaguement quelques abus, sans rien préciser de ce qu'il faut faire; tous ont trop borné leur horizon.

Presque tous ces écrivains réduisent la colonie aux dimensions de la plaine de la Mitidja ; leurs vues ne s'étendent pas plus loin; ils proposent de la ceindre d'un fossé ou d'un mur, et de nous isoler des Arabes ; ils cherchent à la défendre du reproche qu'on lui fait de ne produire ni café, ni indigo, etc., cultures de luxe, qui ne pourront être tentées que lorsque l'Algérie nous fournira du pain, condition première et essentielle d'existence d'un pays. Tant que le Ministère verra la question d'Alger si étroitement comprise, il pourra se croire autorisé à ne rien adopter de définitif et ne se pressera nullement d'assurer le sort de notre nouvelle France.

Depuis la publication de notre première brochure, nous avons eu la satisfaction de voir réalisées, quoique incomplétement, plusieurs des idées qu'elle contient; ainsi :

1° Les concessions de terrain ont été enlevées à la direction des finances.

2° L'intention d'exclure les habitans de Cherchel du bénéfice de la capitulation de 1830, et de faire confisquer leurs propriétés au profit de l'État, a été manifestée.

3° Enfin, la guerre actuelle paraît avoir pour but principal, la prise de possession dans la province d'Alger, de *Miliana*, *Medeah* et *Delys*, et dans celle d'Oran, de *Mascara* et *Tlemcen*.

De l'occupation de ces villes à la construction des routes retranchées, mentionnées dans le chapitre III de notre premier ouvrage, il n'y a qu'un pas, et le système d'occupation partielle et successive sera commencé. Il ne s'agira plus pour l'accomplir et en retirer les bénéfices, que de renoncer à la guerre et peupler les espaces cernés.

Nous espérons que ce nouvel ouvrage contribuera à ce progrès, et que l'Algérie grandira au profit de la patrie. Notre unique et bien vif désir est de pouvoir retourner jouir de son soleil le reste de notre vie.

Cet écrit, que nous offrons à la société coloniale, et à toutes les personnes qui s'intéressent à la prospérité de l'Algérie, se compose de dix chapitres ; savoir :

I. Importance politique pour la France, de la possession de l'Algérie, relativement à la question d'Orient.

II. Avenir de l'Algérie, comme occupation militaire ; — comme colonie ; — comme partie intégrante du territoire français.

III. Examen des systèmes de l'occupation générale ; — de l'occupation restreinte ; — de l'occupation partielle et successive.

IV. Définition et constitution de la propriété. — Jury de révision des titres de propriété. — Conditions sans lesquelles ses opérations seront nulles. — Ses attributions.

V. Des concessions de terrains. — Revenus pour la France.

VI. Établissemens de Comités agricoles.

VII. Des Tribunaux.

—

CONDITIONS ESSENTIELLES

DU

PROGRÈS EN ALGÉRIE.

CHAPITRE PREMIER.

Importance politique pour la France de la possession de l'Algérie, relativement à la question d'Orient.

—

Avant d'entrer en matière sur ce qui concerne spécialement l'Algérie, nous dirons quelques mots de l'importance politique, pour la France, de la possession de ce beau pays que les Anglais prétendent être pour elle un présent funeste de la Restauration.

Bien qu'ils affectent d'éprouver une vive satisfaction de nous voir aux prises avec les difficultés que nous semblons éprouver à soumettre les Arabes, il n'en demeure pas moins démontré que cette affectation de joie déguise mal un secret dépit de nous voir persévérer dans une œuvre dont ils voudraient, à tout prix, empêcher l'accomplissement. Ils savent bien que les obstacles qui retardent notre progrès, ne proviennent que de nos fautes, et qu'un jour viendra, où il ne sera plus permis ni possible au Ministère de demeurer volontairement dans ses erreurs.

La volonté nationale, dont l'expression se formule par les votes des Chambres, et au besoin, par d'énergiques pétitions aux députés de la part de leurs commettans, forme actuellement une barrière infranchissable aux écarts de nos hommes d'état; un jour viendra où, lassée du rôle ridicule que quelques ambitions vulgaires nous font jouer en Algérie, elle dictera, d'une voix haute et impérieuse, un système plus en harmonie avec la dignité et les véritables intérêts de la patrie.

Chacun en France sait que, avant la prise d'Alger, nous n'avions qu'un seul port militaire sur la Méditerranée et que notre influence sur cette mer qui baigne nos côtes, était primée par celle des Anglais, maîtres de quelques îles récemment conquises. Chacun sait qu'aujourd'hui nous avons trois ports de plus, Alger, Mers-el-Kébir et Gigeli (qui n'a encore que des chances d'avenir)(1).

La nation française, qui vit autant de gloire et de véritable grandeur que d'industrie et de science, sent que la persévérance qu'on met à considérer la question algérienne comme secondaire et sans importance, est une faute qu'on ne peut plus perpétuer. L'adoption de la glorieuse bannière de la république et de l'empire est un sûr garant que le Gouvernement de Juillet n'oubliera jamais que ces couleurs ne peuvent être avilies, qu'elles ont flotté long-temps sur l'Europe entière, et qu'il a fallu pour les abattre un instant, non-seulement la plus monstrueuse des coalitions, mais encore que tous les souverains de l'Europe, oubliant leur dignité, devinssent les mercenaires de l'Angleterre.

Si une coupable pensée d'abandon pouvait encore germer dans quelques esprits étroits, rien ne serait plus propre à en faire perdre l'espoir, que le développement invincible du principe de vitalité qui se manifeste chaque jour en Algérie, et qui s'est propagé dans la métropole, malgré tous nos revers. Notre marine, autrefois comme égarée sur la Méditerranée, y déploie maintenant une activité qui a changé le rôle de la France et qui lui acquiert chaque jour une prépondérance incontestable.

Si les désastres récens causés par l'incapacité administrative et guerrière de M. le maréchal Valée, ont occasioné de grands

(1) Nous ne comptons pas dans ce nombre Bougie, où il sera difficile de faire un grand établissement maritime, mais qui sera toujours un excellent point de ralliement pour une escadre destinée à agir contre l'ennemi ; ni Bone, qui ne sera qu'un port de commerce, même lorsqu'on aura tiré parti de la rivière Seybouse.

malheurs, ils ont cependant produit un bien ; ils ont réveillé l'ardeur de la France pour l'Algérie, et révélé cette importante vérité, *qu'une attaque par mer, combinée avec une nouvelle levée de boucliers des Arabes, nous perdrait infailliblement en Afrique, et tant que durera le système d'exploitation militaire qui paraît devoir s'y prolonger, ce danger sera imminent et nous y fonderons sur le sable.*

Aujourd'hui le ministère est averti par les événemens : l'honneur de la France est entre ses mains. Si, par une inertie fatale, cet honneur périclitait, quelle ne serait pas sa responsabilité envers la nation ? Car, notre éternelle ennemie, l'Angleterre, est moins éloignée qu'on ne pense de vouloir profiter de nos fautes. Ces craintes ne sont point chimériques. N'élève-t-elle pas la voix contre notre établissement sanitaire à Mahon? Ne nous demande-t-elle pas compte de prétendues promesses que lui aurait faites la Restauration, et par lesquelles la France se serait engagée à quitter Alger, après la vengeance de l'insulte faite à son agent? N'est-ce pas elle qui encourage sourdement le Maroc et Tunis ?

Mais de quel droit, le peuple le plus envahissant du globe contrôle-t-il nos actions ? Est-ce à lui, qui a conquis une surface de 217,005 lieues carrées et soumis 88,170,000 habitans de diverses contrées (1) ; qui achève, en ce moment, la

(1) Possessions et conquêtes anglaises. — *Amérique du Nord.* — Bas et Haut-Canada; île du prince Édouard; le Cap breton et Terre-Neuve ; territoire de Hudson-Bay. — Surface, 48,333 lieues carrées. — Population, 1,500,000 habitans.

Amérique du Sud. — Demerari ; Esséquibo ; Berbice ; Honduras ; îles Falkland. — Surface, 18,330 lieues carrées. — Population, 120,000 habitans.

Indes-Occidentales. — La Jamaïque ; Trinidad ; Tabago ; Grenade ; Saint-Vincent ; les Barbades ; Sainte-Lucie ; Domingo ; Antigua ; Montserrat ; Nevirs ; Saint-Kitts ; Anguilla ; Tortola ; îles Vierges ; Nouvelle-Providence ; îles Bahama ; îles Saint-Georges ; îles Bermudes. — Surface, 1,444 lieues carrées. — Population, 1,000,000 d'habitans.

Afrique. — Cap de Bonne-Espérance ; Maurice ; Mahé ; îles

conquête du Kaboul ; qui dernièrement, en pleine paix, a surpris la ville d'Aden, à l'entrée du golfe arabique ; qui convoite la possession de l'île de Candie et de l'Égypte ; qui désigne déjà Suez, Rosette ou Alexandrie comme les premiers points à conquérir ; est-ce bien à ce peuple, disons-nous, à s'opposer à nos projets en Algérie?

En tout temps, pour qu'une alliance soit possible entre deux nations, il faut que chacune d'elles y trouve des avantages et en reçoive les garanties. Que l'Angleterre nous rende Malte, conquise par Napoléon ; Corfou, fortifiée par les Français, à la fin du siècle dernier ; le Canada, dont les habitans sont Français de cœur, et l'Ile-de-France, où le nom anglais est abhorré. Que l'Angleterre n'intervienne point dans nos arrangemens avec l'Espagne pour nos établissemens à Mahon ; qu'elle renonce à régner sur la Méditerranée, satisfaite de son empire sur le reste des mers ; alors, il sera peut-être opportun de contracter alliance avec elle.

Dans le grand procès des nations, aujourd'hui pendant en Orient, quel rôle voudrait nous imposer l'Angleterre? Celui d'épouvantail de la Russie. Mais, n'avons-nous pas assez subi d'influences? N'est-ce pas par elles que nous avons pris part au honteux guet-apens de Navarin, que nous avons évacué la

Séchelles ; Sainte-Hélène ; l'Ascension ; Sierra-Leone ; Gambie ; Accra ; cap Coast. — Surface, 29,000 lieues carrées. — Population, 350,000 habitans.

Austral-Asie. — Nouvelle-Galles du Sud ; île de Van-Diemen ; la rivière du Cygne ; le détroit du roi George ; île Norfolk. — Surface, 55,550 lieues carrées. — Population, 2,000,000 d'habitans.

Asie. — Ceylan ; Présidence du Bengale ; Madras ; Bombay ; une partie du Décan. — Surface, 64,182 lieues carrées. — Population, 83,400,000 habitans.

En Europe. — Gibraltar ; Malte ; Gozzo ; Corfou ; Céphalonie ; Zante ; Santa-Maura ; Ithaque ; Paxo ; Cérigo et Heligoland. — Surface, 166 lieues carrées. — Population, 400,000 habitans.

Ajoutons 15,000 lieues carrées et 16,000,000 d'habitans des Iles-Britanniques ; ce qui fait, en total, 232,005 lieues carrées et 103,770,000 habitans.

Morée, et auparavant Cadix, que nous pouvions garder en vertu du même droit qui donne Gibraltar à l'Angleterre.

Nous voyons de nos jours d'étranges choses. Malgré les efforts de la civilisation qui presse et subjugue tous les peuples, on a, en 1840, l'exemple de trois nations qui se disent les plus policées du globe, la France, l'Angleterre et l'Autriche, abandonnant la généreuse Espagne aux convulsions de la guerre civile, et soutenant de leurs efforts 2 à 3 millions de Turcs qui oppriment 10 à 12 millions de Chrétiens et d'Arabes, qui, pour garder les esclaves de leurs harems, dégradent des hommes de l'humanité. Telle est cependant l'œuvre qu'élabore la diplomatie, cette prétendue science des intérêts des nations.

Pour satisfaire à la morale des peuples, on a arraché à un enfant couronné des concessions qui n'existeront que sur le papier. La volonté de 3 millions d'oppresseurs prévaudra toujours sur celle d'un pouvoir affaibli et presque méprisé ; et ce monstrueux empire ottoman demeurera sur pied, soutenu par la politique anglaise, qui n'a d'autre but que de l'arracher aux étreintes de la Russie, et qui cherche à nous attacher à des intérets qui nous sont contraires. Mais c'est en vain que quelques-uns de nos hommes d'état prônent l'alliance anglaise, et veulent faire descendre la France du rang qu'elle occupe par ses forces navales ; c'est en vain que l'on nous fait espérer pour cette concession l'empire du continent, que la puissance de Napoléon n'a pu conquérir. La politique européenne est sue de tout le monde ; la diplomatie n'a plus de secrets ; aujourd'hui les peuples voient clair : on ne peut leur faire prendre le change sur leurs intérêts. Personne n'ignore que la Russie, dont l'influence domine à Constantinople, peut se rendre maîtresse de cet empire, comme l'observe fort bien M. le duc de Raguse, avant que les cabinets de Londres et de Paris en soient instruits, et que c'est pour empêcher l'accomplissement de cette conquête, que de tous côtés s'agite l'Angleterre.

Admettons pour un instant ce fait accompli ; qu'arrivera-t-il? La navigation du Bosphore et peut-être de l'Archipel sera interdite à la marine anglaise ; les communications de la Grande-Bretagne avec les Indes seront interceptées par le vice-roi d'Égypte ; Malte, Corfou, neutralisées, lui seront tôt ou tard arrachées, et son commerce sera ruiné dans le Levant. Jusque-là, en restant neutre, la France conserverait ses intérêts intacts, et n'aurait aucun motif pour déclarer la guerre à la Russie, que nous contiendrons aisément sur mer au moyen de nos lignes de Gigeli et Ajaccio, de Mers-el-Kébir, Alger et Toulon, et, sur le continent, en ranimant l'héroïque Pologne et les prétentions de la Suède sur la Finlande, naguère une de ses plus belles provinces. Mais, que la France prenne un rôle actif dans les événemens qui se préparent, qu'elle favorise les projets de la Russie : alors Malte, Corfou, les Baléares et Candie deviennent français ; Tunis et Maroc, grands vassaux de la Porte, seront annexes de l'Afrique française. Notre allié, le pacha d'Égypte, acquerra son indépendance de droit, ainsi que la possession définitive de la Syrie. La Russie sera trop satisfaite de posséder Constantinople, pour ne pas être disposée à entrer dans nos vues de progrès.

Peut-être objectera-t-on que la Russie deviendra trop puissante? Mais pourquoi n'éprouve-t-on pas la même crainte à l'égard de l'Angleterre, qui de tout temps a été menaçante pour la France, et antipathique à tout agrandissement de notre puissance?

Nous croyons cependant qu'on doit se rassurer sur les dangers futurs que peut nous faire courir la Russie. M. le duc de Raguse, qui a vu les choses de près, pense que lorsque Constantinople sera russe, l'empire grec renaîtra et succèdera à l'empire ottoman. Admettons néanmoins que ce partage n'ait pas lieu, n'est-il pas certain qu'alors l'Autriche, la Prusse, l'Allemagne entière et les autres états du continent, effrayés de la puissance russe, seront forcés de recourir au protectorat de la France, pour contenir l'ambition du Czar? Et où sont les forces de la Russie pour résister à tant de nations diverses? Elle aura donc tout intérêt à se maintenir en paix avec toutes ces puissances ; elle sera même disposée à faire des concessions. Alors l'influence anglaise sur le continent sera détruite entièrement ; le système continental, objet des plus chères espérances de l'empereur Napoléon, se trouvera naturellement constitué, puisque la France et la Russie auront des intérêts communs. Alors, au lieu de subir la fatale influence de l'Angleterre, et de n'oser faire un pas sans sa permission, nous remonterons au premier rang des nations.

Quelques songes creux nous menacent encore d'une invasion de Goths, de Scythes, de Vandales, etc. Mais toutes les tendances de la Russie sont du côté de l'Orient; elle civilise ses provinces méridionales, et quand ces admirables contrées seront fertilisées, leurs habitans n'auront plus besoin de venir chercher au midi de l'Europe, ce qu'ils trouveront en abondance chez eux. L'invasion du Nord sur le Midi s'opère, mais du côté de l'Asie; les luttes de l'empire ont appris aux peuples du Nord, que, sans le concours de l'Europe entière, la France est une barrière infranchissable pour eux.

Depuis huit siècles, les tendances de la France sont antipathiques à l'Angleterre, cause de notre avilissement en 1815, et la plus ardente ennemie des progrès de la civilisation, partout ailleurs que chez elle; le Génie de la France, qui s'est incarné en Napoléon pour nous dicter notre évangile politique, repousse toute espèce d'alliance avec Albion; sa mission est toute progressive, et la régénération des peuples doit s'accomplir malgré tous les obstacles.

Nous le répétons, le Gouvernement français peut dans le drame qui se prépare, choisir le rôle le plus brillant. Les nations sentent sa prépondérance; il n'en est pas une qui ne brigue son alliance par tous les moyens possibles. L'Angleterre, pour l'obtenir, met en œuvre les ruses les plus grossières et les plus niaises; elle feint une alliance avec la seule puissance qui ait des intérêts majeurs opposés aux siens, comme si cette alliance était possible. Mais, nous le répétons, la politique et la diplomatie n'ont plus de secrets aujourd'hui, et les récriminations qui nous sont faites, à propos d'Alger, pour avoir l'air de nous concéder ce que nous possédons en réalité, ne sont que des moyens usés de l'ancienne école.

Malgré l'apparence arrogante de son langage, l'Angleterre nous redoute; elle gémit encore sous le poids des 8 milliards dont nous avons augmenté sa dette; elle sait l'effroi que le nom français cause aux nations de l'Europe, qui se souviennent des quatorze armées de la république et des triomphes de l'empire. La France, seule, est pure de son or corrupteur; et ce n'est pas au moment où le Gouvernement dispose d'un million de baïonnettes, que nous deviendrons ses mercenaires ou même ses très-humbles alliés.

Si quelques hommes abusés ont pu proposer et soutenir les bienfaits d'une alliance aussi contraire aux intérêts de la patrie, rappelons-nous ce que Napoléon disait à Saint-Hélène : « De beaux parleurs, des bavards perdent la France; il est » temps de la sauver! » Si ces mêmes hommes s'exagèrent la puissance britannique et demeurent paralysés par la crainte, rappelons-leur les paroles prophétiques du général Foy (1) : « Napoléon avait procuré aux Anglais un éclair de popularité » européenne; mais Napoléon aussi a porté l'arrêt qui détruira » tôt ou tard leur prééminence sur les autres peuples civilisés. » De longues guerres ont forcé les nations à se suffire à elles- » mêmes; elles leur ont appris à employer leurs capitaux sur » leur propre sol, plutôt que de les aventurer dans des expé- » ditions lointaines. Dans l'un et l'autre hémisphère, l'indus- » trie marche à pas de géant, ayant pour guide les lumières du » siècle, et pour encouragement, l'esprit de liberté; une » production plus active, multipliant les jouissances sous les » pas des consommateurs, restreint la nécessité des échanges » lointains. Les colonies vont se détachant des métropoles. On se » tient en garde contre la politique d'un cabinet dont les inté- » rêts permanens sont antipathiques à ceux du reste du monde. » Chaque jour plus impuissante à nuire par ses intrigues, » l'Angleterre n'a jamais été et ne sera jamais en état de rien » entreprendre de considérable sur le continent par la seule » force de ses armes. »

Telle est, ce nous semble, la question d'Orient considérée sous le point de vue des intérêts de la France. S'il nous faut absolument une alliance, celle avec la Russie est la seule qui nous convienne. Mais, ne perdons pas de vue que la France doit choisir son rôle; elle le peut par la possession de l'Algérie, seulement il faut se hâter; car, si nous laissions échapper cette terre de salut, ou si nous l'abandonnions plus

(1) *Histoire de la guerre de la Peninsule*; tom. I.

long-temps à l'inintelligent système qui la mine, nous tomberions trop bas pour qu'il soit possible d'arrêter sérieusement un regard sur un pareil avenir. Le prince de Ligne a dit : « Dès qu'un empire ne s'élève plus, il diminue. » Mot profond et vrai, qui doit être gravé en traits ineffaçables en tête de tous nos Codes.

CHAPITRE II.

Avenir de l'Algérie comme occupation militaire; — comme colonie ; — comme partie intégrante du territoire français.

S'IL est un moyen sûr et énergique de faire progresser notre établissement en Afrique, on conviendra qu'il n'existe que dans l'adoption d'institutions telles, que l'Européen qui s'y fixera, ait confiance dans son avenir et soit certain de recueillir le fruit légitime de son travail.

La France ne quittera jamais l'Algérie. Telles sont les paroles tombées du trône ; elles ont été accueillies par la nation entière et doivent être un gage certain des intentions du Gouvernement. Mais, si cette déclaration a relevé les espérances des colons, il n'en a pas été de même de celle insérée, quelques jours après, dans le *Moniteur universel,* « que M. le maréchal Valée n'avait pas perdu la confiance du Gouvernement. » Nous ne ferons aucune réflexion sur ces deux déclarations, nous en laissons l'appréciation à tous ceux qui y sont intéressés; nous nous contentons de renvoyer à notre première brochure (1), pour faire connaître par quels actes ce gouverneur a mérité la continuation de la confiance du Gouvernement.

(1) *De la nécessité de substituer le gouvernement civil au gouvernement militaire, pour le succès de la colonisation d'Alger.*

Bien que l'Algérie soit actuellement dans une situation véritablement désespérée, la vitalité qu'elle déploie et dont M. le maréchal Clausel peut seul donner le secret, dévoile à la France entière son splendide avenir. S'il y a de la vie dans les populations européennes de ces magnifiques contrées, c'est que l'espoir s'est enraciné dans leur cœur; elles ont compris, à la première vue de cette terre fertile, de ce ciel toujours pur, de ce soleil vivifiant, que leurs travaux ne seraient point stériles, et elles attendent avec courage que la mère-patrie leur tende une main secourable. Mais, qu'on ne s'y trompe pas, les fléaux qui les accablent ne viennent ni de la terre d'Afrique ni des Arabes, mais bien de la France. Il serait si facile de les en délivrer.

Nous avons essayé, dans notre premier ouvrage, de démontrer l'inutilité de la guerre qui se prépare. Nous multiplierons ces preuves dans les chapitres qui suivront celui-ci, tout en essayant d'indiquer ce que nous dicte une expérience de dix années, pour obtenir un succès aussi rapide que certain.

L'éclatante protection dont le Prince royal couvre l'Algérie, son affection pour un pays dont il a vu le riche avenir, l'entraînement qu'il éprouve à le visiter plus souvent que sa haute position ne semble le permettre, sont le plus sûr garant que le Roi n'a jamais eu la pensée de sacrifier aux exigences d'une mesquine politique, une conquête si précieuse pour la France.

Cependant, malgré l'expérience des dix années passées, malgré l'opinion des gens qui voient la situation de l'Algérie sous un point de vue raisonnable, la guerre est déclarée; d'immenses moyens sont réunis contre un ennemi indigne de notre colère; ils seront absorbés sans profit pour l'Algérie. Mais, certainement, les résultats de l'expédition qui se prépare dissiperont l'aveuglement qui nous entraîne à des sacrifices sans compensation; on reconnaîtra l'inutilité d'une guerre toute de souffrance, sans gloire et peut-être sans combats (1). M. le

(1) Cette assertion, qui paraîtra sans doute extraordinaire en présence du brillant fait d'armes de Mazagran, recevra son explication dans les chapitres III et X qui suivront.

duc d'Orléans sait bien que ce dernier effort contre un chef de horde, est une satisfaction donnée à l'opinion. Il veut partager les fatigues qu'éprouvera notre armée; il veut montrer aux troupes qu'il sait prendre part à leurs misères.

Mais, avec le tact si sûr dont il a donné tant de preuves, il a compris, dès l'expédition des Bibans, qu'une guerre d'escarmouches n'est pas une guerre sérieuse; qu'il est impossible de la continuer sans un désavantage trop réel? C'est pour voir, c'est pour formuler enfin un système rationnel, qu'il prend part à l'expédition; car autrement consentirait-il à servir sous les ordres d'un homme de qui il n'y a rien à apprendre, et qui, lui-même, a plus besoin d'un guide que tout autre? Le Prince royal occupe depuis long-temps une position d'où l'on domine les événemens, et qui permet d'en tirer les enseignemens les plus sages. Il sera roi un jour; rien de ce qui intéresse sa gloire et celle de la France ne lui est étranger. Que l'Algérie espère en lui; il peut la sauver et il le veut.

Quelle que soit l'issue de la campagne qui a commencé contre Abd-el-Kader, les pouvoirs législatifs devront provoquer une décision; ils le peuvent, après dix années d'essais et le tâtonnemens, ou plutôt ils le doivent, après dix ans d'un aisser-aller inexplicable. Le sang de la France ne doit plus couler en vain et ses trésors se dissiper sans profit.

Depuis 1830, la situation de l'Algérie est trop éphémère our être plus long-temps tolérée; les événemens récens prouvent assez à quels dangers peut l'exposer l'inintelligent despoisme d'un dictateur sans capacité, et quels sacrifices impose à la France la réparation de ses innombrables bévues. Alger n'est ni colonie, ni partie intégrante du territoire français : c'est une arène où s'agitent quelques ambitions sans grandeur; c'est un être anonyme qu'on ne peut définir; c'est un enfant qui est né à la France et que sa mère abandonne; et cependant, par une anomalie bizarre, tout en le privant de ses droits civils, elle l'accable de toutes les charges d'un despotisme aveugle et de toutes les plaies d'une administration fiscale et dépourvue de l'intelligence la plus vulgaire.

Que le Gouvernement pèse ces vérites, que les Chambres les approfondissent; il nous paraît impossible qu'on continue à voter des fonds pour alimenter une aussi monstrueuse création.

La France n'a que deux sortes de possessions, le sol qui lui est propre et quelques colonies (nous ne comptons pas de misérables comptoirs qui ne sont pas à l'abri d'un simple coup de main). Dans quelle de ces catégories doit-être rangée l'Algérie? C'est ce que nous allons examiner le plus brièvement possible.

Nous croyons avoir démontré dans notre première brochure (1), que sous un gouvernement militaire il est impossible que notre nouvelle France puisse prospérer ; que l'agriculture est ennemie du despotisme ; que le travail, la production ont besoin d'être guidés et régis par un pouvoir paternel et éclairé ; qu'il faut, en un mot, fermer la porte de l'Algérie à tout personnage qui n'y viendrait que pour y satisfaire une ambition stérile. Nous avons démontré que le code militaire, qui est celui de la destruction, est incompatible avec le progrès ; nous répéterons ce que nous avons déjà dit, que de tous les gouverneurs militaires deux seuls, MM. le maréchal Clausel et le duc de Rovigo, ont véritablement aimé le pays pour lui-même ; qu'eux seuls y ont fait du *bien ;* que les autres, avant M. le maréchal Valée, ont été à peu près indifférens à son avenir ; mais que nul d'entre eux n'a montré plus d'aversion que lui pour la colonie et les colons, et n'a exploité l'armée d'une manière plus impudente au profit des siens : intérêts des colons qui ont agi avec tant de confiance, intérêts de l'armée calomniée dans plus d'un rapport au Ministre de la guerre, tout a été méprisé, foulé aux pieds impunément par ce gouverneur que l'indignation publique poursuit avec tant de justes raisons. C'est à la colonie cependant et à l'armée qu'il a dû son bâton de maréchal, au moment où l'heure de la retraite avait sonné pour lui : l'ingratitude ne saurait vraiment aller plus loin.

Tout est dit sur le gouvernement militaire ; Napoléon lui-même l'appréciait peu. Quoique devenu empereur par l'ar-

(1) Ouvrage déjà cité, pag. 9.

mée, et dans le temps où il semblait ne s'appuyer que sur elle, on le vit, au retour de l'île d'Elbe, à Grenoble, donner audience d'abord à la Cour royale, redevenue subitement Cour impériale, et au Corps académique, qui avaient ainsi la prééminence dans son esprit.

Le titre de colonie donné à un pays implique l'idée d'une terre dont la métropole attend des avantages pécuniaires supérieurs aux dépenses qu'elle y a faites : c'est une spéculation de gouvernement absolu. Une colonie n'est ordinairement régie que par des lois et ordonnances exceptionnelles ; il est sous-entendu que personne n'étant obligé de s'expatrier, le colon doit, en le faisant, se soumettre d'avance aux conditions qui lui sont imposées, quitte à rentrer sur le sol natal, dès l'instant où ces conditions ne lui conviennent plus. Les métropoles considèrent les colonies comme des esclaves hors du droit commun ; elles leur refusent le bienfait d'envoyer dans les Parlemens, des représentans de leurs intérêts ; et cependant les colonies sont nées de la conquête ; c'est le sang de la nation qui a coulé pour les enfanter, c'est l'argent du peuple qui les a alimentées. Pourquoi leurs habitans, par le fait seul qu'ils en fécondent le sol, seraient-ils privés des droits et des avantages des habitans de la métropole ?

Nous n'hésitons pas à le déclarer, les colonies sont illégales et impossibles aujourd'hui que le despotisme est détrôné, que les peuples sont régis, pour la plupart, par des constitutions qu'ils se sont données eux-mêmes, et que les gouvernemens se sont engagés par serment et sous peine de déchéance à ne jamais violer. Tout peuple, toute portion de peuple, quelle que soit la contrée qu'ils habitent, ont droit au bienfait des mêmes institutions. L'Algérie, moins que tout autre, ne peut être privée de celles de la France ; elle ne peut donc être déclarée *colonie*.

D'autres raisons, d'ailleurs, militent en faveur de cette assertion. La similitude du climat de notre conquête, de son sol avec ceux des plus belles provinces du midi de la France, l'absence de productions dites *coloniales*, et son extrême proximité de Paris, dont elle ne sera éloignée que de quatre journées, lorsque Marseille sera jointe à la capitale par un chemin de fer; la communauté d'intérêts des habitans de la France et de ceux de l'Algérie, qui n'ont pas renoncé à la jouissance de leurs droits de citoyens, parce qu'ils sont à 130 lieues des côtes de la patrie, tout concourt à démontrer que jamais elle ne pourra devenir colonie.

Quelle a été la destinée des colonies ? Celles qui ont prospéré malgré les charges dont les ont accablées les métropoles, se sont séparées violemment de leurs marâtres, et se sont constituées *états indépendans;* celles qui n'ayant pas assez d'élémens de prospérité ont langui, sont encore aujourd'hui sans vie et sans chances d'avenir. Le sort des premières attend certainement l'Algérie, à une époque plus rapprochée qu'on ne le pense. Alors, quel résultat la France retirera-t-elle de ses sacrifices d'hommes et d'argent, si ce n'est d'avoir créé à ses portes un ennemi puissant, et d'être descendue du faîte de la grandeur et de la puissance où elle pouvait se maintenir par son agrandissement en Afrique?

Nous n'insisterons pas plus sur l'impossibilité de faire d'Alger une colonie française; nous passerons de suite à la démonstration des avantages qui résulteront de sa réunion immédiate au territoire français.

Dans notre première brochure, nous avons démontré que la population arabe était trop rare pour que nous eussions à nous occuper de son avenir; l'Algérie devant recevoir une population française, ou au moins européenne, nous n'aurons point à rechercher les modifications à apporter à la législation musulmane, pour l'adapter aux mœurs de ses habitans futurs. L'élément arabe doit être négligé; il est trop faible pour être pris en considération dans nos combinaisons d'avenir, et rien ne s'oppose aux vœux des français de l'Algérie, de voir ce pays devenir partie intégrante du territoire de la France.

Si, dans les nouvelles que les journaux publient sur l'Afrique, on lit que nos troupes y rencontrent l'ennemi au nombre de 12 et même 15 mille, nous répéterons ici que dix ans d'expérience nous ont fait acquérir la certitude que ces nombres sont de beaucoup exagérés; en admettant même qu'ils soient exacts, ils sont encore au-dessous de la limite supérieure d'ennemis que nous avons supposée dans l'évaluation de la force militaire des Arabes (1), tourbe, du reste, indisciplinée, sans chefs, sans artillerie, et souvent sans armes et sans munitions.

Depuis le commencement du siècle, malgré les guerres de l'empire, la population de la France s'est accrue de près de 4 millions d'âmes, masse qui vit actuellement aux dépens de la société, et dans un tel état de misère, que le besoin, cet aiguillon de tous les jours, légitime en quelque sorte les idées de révolte dans lesquelles elle voit le remède à ses maux. Légalement parlant, le Gouvernement ne peut transplanter en Afrique cet excès de population, avant d'avoir fixé le sort de ce pays. Il ne pourra user de violence pour opérer cette migration, car il se trouvera toujours des hommes trop ennemis de l'arbitraire et du despotisme, pour éclairer cette masse sur le sort qui l'attend dans l'exil.

Elle ne se dépaysera pas plus pour l'Afrique *colonie*, que pour les autres colonies de la France; mais, qu'on lui parle de l'Afrique devenue *France*, qu'on l'appelle à jouir dans nos nouvelles provinces des avantages de la propriété et du bénéfice de nos lois, elle y accourra en foule. Alors ce surcroît formidable d'hommes enhardis par la misère, qui n'attend pour commencer les hostilités contre tout ce qui possède, que le signal d'une main ferme et habile, trouvera une nouvelle patrie et le bien-être pour lequel il est prêt à commettre des crimes; alors, disons-nous, dans moins de 25 ans, plus de 6 millions de Français habiteront les 10,000 lieues carrées de l'Algérie, et pourront, avant 50 ans, contribuer au budget national dans la même proportion que les habitans de la France, c'est-à-dire annuellement pour 200 millions, sans que les charges de l'État soient augmentées dans la même proportion.

Ce revenu s'accroîtra par la suite, avec l'augmentation de la population et du territoire; car apparemment les limites futures de l'Algérie ne seront que celles de la civilisation en Afrique; et qui peut dire jusqu'où elles s'étendront?

(1) Page 11 et suivantes de l'Ouvrage déjà cité.

Quel vaste avenir nous a préparé la Providence ! Malheur à la France, si elle ne sait pas profiter d'un pareil bienfait ! Il est impossible que le Prince qui est appelé à régner sur nous, ne soit pas touché de ces considérations, et sensible à la gloire que fera rejaillir sur son règne futur l'accomplissement de cette œuvre. Il est impossible que les Chambres n'étendent pas leurs vues d'avenir jusqu'à 25 ou 50 ans.

Espérons que l'Algérie cessera d'être le charnier où l'armée la plus généreuse et la plus vaillante du monde, est décimée au profit de quelques-uns de ses chefs ; espérons que les trésors de la Patrie ne viendront plus s'y engloutir *sans fruit.*

Si l'Algérie est maintenue à l'état d'occupation militaire ; si même elle passe à l'état de colonie et si elle continue à être sous le joug de l'inintelligence et du fisc, tout y est perdu, sacrifices de sang, d'argent et prépondérance de la France sur la Méditerranée.

Mais, si l'Algérie est adoptée par la Patrie et admise à participer au bienfait de ses institutions ; si un même et unique Code les régit, aucun motif ne pourra jamais séparer les départemens de l'Algérie de ceux de la France : représentés dans les Chambres, leurs intérêts seront mieux expliqués que par les rapports infidèles des exploitateurs de cette terre de promission, et par conséquent, mieux compris.

Que les pouvoirs législatifs et exécutif méditent ces vérités, qu'ils comprennent les vrais intérêts de la Patrie, alors disparaîtra le danger dont la menace l'excès de sa population, géant à plus de quatre millions de bouches affamées ; que nos législateurs en fassent un peuple riche, alors nos manufactures trouveront pour leurs produits un débouché certain.

Mais, avant tout, qu'ils détruisent le despotisme du sabre ; qu'ils écartent avec soin le fisc, poulpe financier, qui, avec ses soixante et quelques tentacules (1), suce et tarit la vie de notre établissement.

Dans notre premier ouvrage, nous avons fait ressortir la

(1) Il y a 60 et quelques employés sous les ordres du Directeur des finances, pour une population européenne de moins de 20,000 âmes.

nécessité de supprimer le gouvernement militaire et de lui substituer un gouvernement civil ; nous avons simplement indiqué ce changement comme une amélioration, comme un progrès, sans donner d'explications ultérieures : depuis, nous avons fait les réflexions suivantes :

Peut-être un gouvernement civil, muni d'un pouvoir aussi arbitraire que le possède le gouvernement militaire actuel, aurait-il de fâcheux résultats. Peut-être ne serait-il pas sans danger pour l'avenir de l'Algérie, de confier ses intérêts à un de ces théoriciens sans pratique, qui se croirait obligé d'improviser, à son usage, des institutions nouvelles. Outre ces inconvéniens, la centralisation du pouvoir à Alger, laisse les provinces de Bone et d'Oran dans un état d'alanguissement difficile à ranimer, à cause du peu de fréquence de leurs relations avec la France, et à cause de l'indifférence que les gouvernans d'Alger apportent à s'occuper des parties de l'Algérie qui exigeraient un déplacement de quelques jours. Il n'y a presque pas d'exemple encore que les Directeurs des finances, de l'intérieur, ou intendans civils, aient quitté Alger pour visiter Bone ou Oran : il semble que leurs places aient été créées pour eux et non eux pour leurs places ; et si la manie des expéditions n'avait pas conduit les Gouverneurs dans les diverses provinces, ils eussent sans doute imité ces fonctionnaires.

La centralisation des pouvoirs ne doit pas être à Alger, mais à Paris ; on tranchera toute difficulté à cet égard, par la promulgation d'une loi qui réunît l'Algérie à la France. Alors les parties des trois provinces de Bone, d'Alger et d'Oran, comprises entre la mer et les routes retranchées proposées dans le chapitre III de notre première brochure, pourraient immédiatement être érigées en trois départemens, et recevraient les noms suivans ;

Département de la Seybouse ; chef-lieu, Bone.
— du Bouzaria ; chef-lieu, Alger. } *Voir la carte.*
— de la Tafna ; chef-lieu, Oran.

De véritables préfets et sous-préfets seraient créés. Les divisions et subdivisions militaires seraient formées comme celles de France et leurs titulaires n'auraient que les mêmes attributions. Les emplois équivoques de directeur et sous-directeurs de l'intérieur seraient supprimés ; l'on anéantirait surtout la direction des finances, dont le titulaire, véritable Sangrado de la colonisation, n'a d'autre soin que d'assurer sa position, au moyen d'un formidable bataillon d'employés, dont les trois quarts sont sans fonctions déterminées, et tous disposés à exagérer, pour plaire à leur chef, les projets fiscaux que sans cesse il imagine pour s'acquérir des droits à la reconnaissance du Gouvernement. Le Ministère, qui ne reçoit des rapports sur l'Algérie que par le Gouverneur militaire et le Directeur des finances, est nécessairement abusé ; car les renseignemens que lui donnent ces deux fonctionnaires, sont moins l'expression des besoins du pays, que celle de leurs vues égoïstes et personnelles. L'un veut acquérir de la gloire, et l'autre rêve quelque ministère ou au moins une modeste place de conseiller-d'état.

Certainement, la substitution d'un gouvernement civil au gouvernement militaire serait un grand pas de fait, en ce que la guerre serait finie. Nous l'avons exprimé dans notre premier ouvrage : la guerre ne mène à rien, les victoires décisives sont impossibles sur les Arabes ; nos expéditions ne sont que des marches pénibles et toujours fatales au soi-disant vainqueur ; de plus, la continuation des hostilités suspend nécessairement l'examen et l'adoption d'un système définitif.

Néanmoins la simple substitution d'un dictateur civil à un dictateur militaire, ne suffirait pas pour amener rapidement notre établissement d'Afrique, au point de prospérité que nous désirons ; c'est le système entier qu'il faut changer. En voici la preuve.

Une dictature civile entraînerait avec elle la création d'un nouveau Conseil supérieur d'administration, ayant le droit de lancer des arrêtés qui ont force de loi ; il serait composé, à peu de différence près, comme l'est le Conseil actuel :

1° D'un Gouverneur, président, qui, malgré les délibérations du Conseil, et sous le prétexte d'urgence, ordonne selon son bon plaisir ;

2° Du Directeur de l'intérieur, dont l'autorité s'efface complétement devant celle du Gouverneur ;

3° De l'Amiral, commandant la marine, qui est nécessairement étranger à bien des questions, et qui, dans sa spécialité, n'est pas même consulté pour les choses de sa compétence (1);

4° De l'Intendant militaire, dont les importantes fonctions vis-à-vis l'armée, absorbent tous les instans ;

5° Enfin, du Directeur des finances, qui est le vrai président de fait.

Ceci mérite une explication. Jusqu'à ce jour, presque toutes les questions, sauf celles de guerre, ont été des questions fiscales. L'unique but de la Direction des finances est de produire des revenus et de les augmenter sans cesse par tous les moyens possibles. Si, dans une délibération, quelques membres du Conseil, effrayés des mauvais résultats probables de l'adoption des vues du Directeur des finances, manifestent de la répugnance à les sanctionner de leurs votes, alors ce fonctionnaire, le Code fiscal en main, menace le Conseil d'une responsabilité que personne n'ose assumer, et le fisc triomphe.

En France, on n'impose les immeubles que lorsqu'ils sont en plein rapport ; toute création nouvelle jouit d'une exemption de droits plus ou moins longue. En Algérie, il n'en est

(1) La Direction des travaux d'Alger, dont le chef vise à l'indépendance, ainsi que tous les autres chefs de service, a dernièrement restauré les quais et le débarcadère du commerce du port d'Alger. Pour cette opération, on a empiété de près de deux mètres sur la capacité d'un port déjà bien petit ; on se disposait à prolonger ce quai jusqu'au débarcadère militaire, lorsque la Marine s'y est opposée avec raison. En effet, les navires du commerce, déjà amarrés trop court, eussent dû l'être encore de deux mètres de plus ; ils auraient alors, pendant la houle, brisé par leurs mouvemens saccadés les amarres les plus fortes, et se seraient entre-choqués violemment ; si, pour éviter cet inconvénient, on les eût avancés de deux mètres, ils auraient obstrué le passage de la rade au débarcadère militaire. C'est ainsi que tout va à Alger : chacun agit à part, pour avoir l'occasion de se faire valoir. Le bien public est la dernière considération qui anime les fonctionnaires.

pas de même ; si l'impôt foncier n'existe pas encore, le fisc a inventé d'ingénieux moyens d'y suppléer. Ainsi, dans un pays où l'on eût été trop heureux de trouver des hommes assez confians pour aventurer leur avoir sur des chances d'avenir mal fondées ; dans un pays où l'espace abonde et où l'on aurait dû faire des concessions presque gratuites, on a abusé de l'espèce de fièvre qui portait les colons à acheter à tout prix (non au moyen d'un énorme capital que personne ne possédait, mais en rentes onéreuses); on a exploité , sans intelligence, l'excès de vie qui s'y manifestait. Tous les terrains protégés par le canon ont été mis en adjudication, et tous sont montés à des prix exorbitans : la toise carrée s'est vendue , par les domaines, jusqu'à 2,000 fr. en ville, et dans la banlieue d'Alger, de 5 à 10 fr. Pour s'assurer de ces vérités, on consultera le *Moniteur algérien* qui contient , dans ses annonces légales, plus de faits significatifs qu'on ne le pense. Nous répéterons ici ce que nous avons dit, page 40 de notre premier ouvrage : Quelles impositions pourra-t-on mettre sur des immeubles déjà grevés si lourdement ? Peut-être la Direction des finances allèguera-t-elle, pour se laver de ces inculpations , que des concessions ont été faites à 50 centimes l'hectare ; nous lui répondrons que ceux qui les ont acceptées , sont exposés à payer l'impôt de leur tête, car elles ont été faites dans des terrains ouverts aux incursions des Arabes. On verra d'ailleurs , au chapitre V, quels sont les avantages et les inconvéniens de ces sortes de concessions.

On le voit, un gouvernement civil peut avoir ses dangers. Si le ministère ne veut rien faire pour l'Algérie, il peut encore satisfaire l'opinion publique, en donnant à notre conquête une organisation qui ne changerait pas réellement l'état des choses.

Mais, qu'une loi prononce la réunion du territoire algérien au territoire français , tous ces dangers disparaissent, toutes les difficultés sont levées, les attributions des fonctionnaires parfaitement définies. Les lois de la France , sauf celles qui régissent les finances, pourront immédiatement y être mises en vigueur, et, dans moins de 25 ans, au fur et à mesure que les diverses parties de l'Algérie s'assimileront à la France, les lois financières de la métropole pourront à leur tour y être appliquées successivement.

Il est facile de prévoir les changemens qui s'opéreront. La confiance naîtra en France; les capitalistes qui, jusqu'à présent, se sont sagement abstenus de venir prodiguer leurs capitaux sur de vagues et chimériques espérances, dans un pays mal administré, y accourront en foule; des compagnies d'exploitation se formeront, et, à leur suite, viendront des populations laborieuses, dont la seule présence sera une infranchissable barrière pour les Arabes. Alors, la Méditerranée deviendra réellement un lac français. Des lignes de bâteaux à vapeur viendront suppléer à l'insuffisance des bâtimens de l'État. On ne peut douter de l'exubérance de vie et de force qui se développera dans un pays où actuellement une population de près de 20,000 individus, ne vit que d'espérance et se soutient malgré tous les malheurs dont elle est accablée.

Le chapitre suivant, qui a pour but l'examen des divers systèmes d'occupation actuellement proposés, et qui fera mieux comprendre celui de l'occupation partielle et successive déjà traité dans le chapitre III de notre premier ouvrage, fixera, nous l'espérons, l'opinion sur les moyens de parvenir aux résultats prévus dans le présent chapitre.

CHAPITRE III.

Examen des systèmes de l'occupation générale; — de l'occupation restreinte; — de l'occupation partielle et successive.

La discussion de l'adresse de la Chambre des députés au Roi, a déjà donné lieu à un court examen des divers systèmes d'occupation de l'Algérie. Les opinions se sont prononcées pour deux d'entre eux : celui de l'occupation générale, et celui de l'occupation restreinte.

Le premier a été formulé vaguement; mais le second a été

défini, et consiste en une occupation militaire pure et simple des trois villes de Bone, Alger et Oran. Nous chercherons à démontrer dans ce chapitre, que de ces deux systèmes le premier est impraticable, et que le second nous conduirait, tôt ou tard, à l'abandon du pays : proposition actuellement inadmissible, après la déclaration formelle du Roi, et en présence de l'opinion de la France entière.

M. le général Bugeaud, le seul orateur de la Chambre des députés qui ait parlé de l'Afrique avec connaissance de cause, a proposé un système de guerre qui serait couronné d'une entière réussite; mais, comme il équivaut presque à la destruction du peuple arabe, il trouvera des adversaires. Notre mission en Afrique doit être toute civilisatrice ; elle doit s'accomplir avec fermeté, mais sans l'emploi de moyens extrêmes et de cruautés inutiles. Nous ne devons point perdre de vue que les Arabes combattent pour leur liberté et pour le territoire que nous cherchons à leur arracher. La guerre qu'ils nous font est légitime ; et si leurs usages guerriers nous paraissent barbares, rappelons-nous qu'ils sont les mêmes à l'égard de leurs voisins.

Nous sommes heureux de nous être accordé avec les opinions de cet officier-général, quant à l'emploi de l'artillerie dans les colonnes mobiles. Dans le chapitre troisième de notre première brochure, nous avons réduit à quatre, dans chacune de ces colonnes, le nombre des pièces de montagnes avec lesquelles on peut aller partout et franchir toutes les difficultés de terrain ; et nous sommes complétement de l'avis que, sans artillerie, on aurait moins de blessés qu'en s'assujettissant à ne parcourir que quelques lignes praticables aux voitures, et en se privant ainsi de l'avantage de poursuivre l'ennemi plus loin que quelques centaines de toises.

Mais, si nous multiplions l'artillerie et les voitures, nous négligeons trop l'arme indispensable pour atteindre les Arabes, une bonne et nombreuse cavalerie. Bien qu'on ait décrété la formation d'un quatrième régiment de chasseurs d'Afrique, et qu'on soit disposé à en augmenter le nombre, cette mesure sage, adoptée si tardivement, sera sans effet si en même temps on ne prend sérieusement des dispositions pour se procurer des chevaux ailleurs qu'en France. On n'en trouve plus en Algérie ; les Arabes , quoique supérieurs à nous de ce côté, n'en ont presque pas, ainsi que nous l'avons démontré dans l'appendice de notre premier ouvrage.

Bientôt nous n'aurons plus un seul cheval valide, si on n'a recours aux mesures coërcitives que nous avons indiquées, pour que le bey de Tunis nous en vende 5 ou 6,000 , et si l'on ne pourvoit à nos besoins futurs par la formation d'un haras à La Calle.

Mais rentrons dans la question qui doit faire l'objet principal de ce chapitre, l'examen des divers systèmes d'occupation.

L'expérience de dix années a prouvé que, vis-à-vis des Arabes, il n'y a aucune position stratégique à prendre : tous nos camps ne sont que des points isolés, sans influence sur les populations. Une place située en Europe, comme Constantine l'est en Afrique, commanderait tout le pays placé entre elle et la mer ; mais Constantine ne commande que l'espace battu par son canon.

Une colonne qui marche n'est maîtresse que du terrain qu'elle occupe ; celui qu'elle a parcouru ne lui appartient plus ; et quelque nombreuse qu'elle soit, elle est tenue en échec par un petit nombre de cavaliers tiraillant autour de nos masses ; ils s'approchent bride-abattue, font feu, et par un demi-tour rapide, sont bientôt hors de portée, pour recommencer aussitôt : jamais les mêmes Arabes ne la poursuivent à plus d'une journée. Au fur et à mesure qu'elle avance dans le pays, c'est aux cavaliers des localités qu'elle traverse qu'est dévolue la tâche de la harceler. On a donc presque toujours affaire à un ennemi peu nombreux, mais frais et reposé.

Pendant la nuit, nos troupes goûtent rarement quelques heures de sommeil : le froid, l'humidité les tiennent éveillées; et si parfois elles peuvent trouver le repos, quelques coups de fusils tirés à propos par les Arabes sur nos sentinelles, mettent tout le monde sur pied ; le cri *aux armes* retentit, et tire d'un assoupissement pénible, même les plus fatigués. Ces manœuvres trop souvent répétées exténuent les soldats, que tant d'autres privations accablent ; et, s'il est permis d'entrer dans de triviales considérations, la vermine, les moustiques et les puces que la terre engendre par milliards dans les camps où rien n'est préparé pour le bien-être des soldats, sont encore des obstacles à la possibilité du repos pendant la nuit. Voilà les véritables causes des maladies qui déciment les troupes ; elles se perpétueront tant que l'on persistera à semer l'Afrique de camps, dont la complète inutilité a été démontrée dernièrement.

Le système d'occupation générale, tel qu'on l'a compris jusqu'à présent, ne serait donc qu'une extension sur tout le sol de l'Algérie, de celui qui existe actuellement. Nous ne voyons aucun avantage à multiplier et à propager des fautes et des inepties qui n'ont produit aucun résultat satisfaisant, et qui soulèvent de toutes parts des plaintes et des récriminations.

De cette vérité reconnue par tous les militaires de bonne foi, et qui n'exploitent pas la guerre à leur profit, qu'*il n'y a pas de point stratégique en Afrique*, il suit que, pour effectuer l'occupation générale, il faudrait couvrir les dix mille lieues carrées de l'Algérie de petits forts assez rapprochés les uns des autres, pour qu'ils pussent réellement protéger les agriculteurs, et former un réseau impénétrable aux Arabes. Il faudrait au moins un fort contenant 100 hommes, sur un espace de quatre lieues carrées ; en sorte que, pour couvrir la régence, il en faudrait près de 2,500 avec une armée de 250,000 hommes pour les occuper. Comment les approvisionnerait-on, en supposant qu'on ne reculât pas devant de pareilles dépenses ?

L'occupation générale immédiate est donc une chimère qu'il faut abandonner ; elle n'est pas possible, même par la guerre la plus active.

L'occupation restreinte est encore une autre utopie, mais dangereuse pour l'avenir du pays : elle conduirait infailliblement à l'abandon ; car le renouvellement annuel du vote des fonds pour l'entretien d'une armée outre-mer et pour les autres dépenses que nécessiteraient nos établissemens, sans autre compensation qu'une importance politique qui n'est pas également bien appréciée par tout le monde, finirait par lasser les Chambres, et chaque année l'existence de l'Algérie serait remise en question. Chaque année une somme en numéraire irait se perdre, sans espoir de retour, dans les cachettes que se font les Arabes. Il y aurait vraiment à ce mode d'occupation un désavantage trop réel, pour qu'il pût soutenir avec succès un examen sévère à chaque session.

Malgré le projet qu'on prête au Ministère de concéder l'Algérie à une Compagnie, on doit abandonner l'espoir d'entretenir des comptoirs sur ses côtes. Ce pays n'est nullement comparable aux Indes; il n'y croît pas spontanément des productions exquises et de grand prix, comme dans ces riches contrées. Une population guerrière peu nombreuse, ayant peu de besoins, ne s'assujettira pas à un travail dont elle ne sent pas l'utilité pour acquérir des richesses qui lui seraient enlevées par des beys avides. La terre d'Afrique est riche sans doute, mais le travail seul peut en faire sortir les trésors que nous en attendons, et il y aurait folie, pour les acquérir, de compter sur les Arabes, qui ne ressemblent en rien aux Hindous. Les Arabes n'ont pas traversé 50 siècles dans un état social immobile, pour être influencés par quelques Compagnies commerçantes. Cet essai a d'ailleurs été fait à La Calle, qui n'aurait eu aucune importance sans la pêche du corail. Tunis possède quelques maisons de commerce européennes : leurs opérations réunies sont loin de leur permettre d'entretenir une occupation armée. Toute Compagnie qui consentirait à exploiter l'Algérie, en payant les troupes d'occupation, ne tarderait pas à s'en repentir.

L'occupation restreinte est inadmissible, en ce que toutes les ressources devront être tirées de la France; autrement il faudrait occuper, autour des ports, un terrain suffisant pour la production des denrées nécessaires à l'entretien des troupes et de la population. Admettons que ces terrains aient été désignés et leur délimitation bien déterminée, il faudra nécessairement fixer une limite supérieure d'accroissement de population; et, si par des circonstances qu'on peut prévoir, cette population venait à s'augmenter, soit par les naissances, soit par les arrivages, il faudrait alors, ou déporter l'excédant en Europe, ou enfouir de nouveau notre argent chez les Arabes, pour en obtenir un supplément de denrées qu'on ne pourrait tirer de la France, ou bien enfin envahir un nouveau territoire. Dans tous les cas, ce système sera constitué d'une manière précaire; car son existence dépendra d'un caprice ministériel, ou d'un vote des Chambres. Admettons cependant que ces objections ne soient pas valables; il en est une que nous avons énoncée plus haut et qui le combat d'une manière victorieuse, c'est que nos établissemens ne seront point à l'abri du danger d'un blocus par mer, combiné avec une nouvelle levée de boucliers des Arabes. L'éloignement des populations civiles pour le gouvernement militaire, subsistera dans toute sa force : cependant nous ne serons jamais forts en Algérie, que par la présence d'une population nombreuse et intéressée à défendre son existence et ses biens.

Est-ce par un traité que nous obtiendrons un territoire autour de chacun de nos ports? Les événemens récens viennent de nous prouver la valeur que les Arabes attachent à une transaction politique : on verra d'ailleurs, dans le chapitre X, qu'il n'y a aucun moyen, ni aucune possibilité de contracter des alliances avec des peuplades qui ne sont soumises à aucun pouvoir.

M. le général Rogniat vient, sur de simples renseignemens, de faire paraître un ouvrage sur l'Algérie. Ici nous ne pouvons nous empêcher de faire la remarque, que l'on ne peut avoir aucune confiance dans les écrits des auteurs qui traitent les questions d'Afrique sans avoir vu.

Suivant M. le général Rogniat, il faudrait ceindre la plaine de la Mitidja d'un mur de 25 lieues de long, flanqué de 200 tours; et pour la simple occupation de cette plaine, qui n'est pas la centième partie de l'Algérie, il demande 9,000 hommes.

Quelques lignes suffiront pour combattre ce système échafaudé sur une ignorance complète des choses de l'Afrique.

Dans l'enceinte qu'il propose, M. le général Rogniat dit qu'on pourra placer 160,000 habitans. Voyons d'abord si cela est possible. Son mur de 25 lieues ne pourra, avec le rivage de la mer, enceindre plus de 80 à 90 lieues carrées, ce qui donnerait à peu près 1,777 habitans pour chacune, c'est-à-dire, près du double de la population moyenne de la France sur une même surface; mais, en Afrique, avant qu'on ait favorisé la multiplication des forêts, on ne pourra égaler la population moyenne de la France. Les eaux y sont trop rares, pour que, dans les circonstances présentes, on puisse la peupler à raison de plus de 600 habitans par lieue carrée : les 160,000 habitans de M. le général Rogniat seront donc réduits à un peu plus de 54,000. Il n'évalue tous les travaux qu'il propose, qu'à 1,500,000 fr. Nous avons la certitude que leur prix atteindra bien près de 4,000,000 fr. ; en Afrique, il faut plus que doubler les prix des devis. Ses 25 lieues de longueur de mur, et ses deux cents tours formant une masse de 246,760 mètres cubes de maçonnerie, exigeront au moins un cinquième de chaux, soit 49,152 mètres cubes, à raison de 22 fr. le mètre cube, ou 1,081,344 fr. pour la chaux seulement. D'après cela, on voit que le prix des autres matériaux, l'installation des 200 tours, de manière à être rendues habitables, les casernes à construire dans les six camps retranchés, et le prix de la main-d'œuvre atteindront les 4 millions que nous comptons, si cette somme n'est pas dépassée.

Une dépense de 4,000,000 fr. pour obtenir, au plus, 144,000 hectares à cultiver, grèverait chaque hectare d'une somme de 270 fr. : les concessions ne pourraient alors se faire qu'à des prix exorbitans : il faut opérer de manière que le trésor ait des chances de rentrer par la suite dans ses déboursés.

On le voit, des murailles de séparation, des canaux infranchissables sont des moyens inadmissibles ; s'il fallait procéder de cette manière pour occuper peu à peu l'Afrique, quelles ne seraient pas les dépenses que ces systèmes nécessiteraient, en y comprenant les dispendieuses réparations de travaux *qui n'auront par la suite aucune utilité*, et qui tendent à nous séquestrer des Arabes? La question ne consiste point à nous séparer complétement des indigènes; mais bien à les mettre hors d'état de renouveler les désastres que M. le maréchal Valée a, par son imprévoyance, attirés sur nos établissemens. Tous les projets de travaux qui n'auront qu'une utilité temporaire, doivent être abandonnés. Il ne faut en Afrique, que des constructions utiles à l'avenir du pays ; telles que des routes et des maisons-casernes crénelées.

M. le général Pelet a proposé l'occupation de Médéah,

comme étant la clef de la plaine de la Mitidja. Il a vu plus loin que le général dont nous venons d'examiner le système; mais, auteur lui-même de plusieurs ouvrages de stratégie fort estimés, il n'a pu se défendre d'étendre à l'Afrique les principes de la guerre européenne. Cependant, il faut l'avouer, en présence de l'opinion de M. le général Bugeaud, qui a expliqué la guerre arabe avec tant de sagacité, M. le général Pelet a été inexactement renseigné. Nous ne doutons pas que, doué, comme il l'est, d'une grande puissance d'observation et d'un sens très-droit, il ne modifiât ses opinions s'il avait l'occasion d'observer les choses par lui-même. Il comprendrait, dès la première inspection, que la science de la guerre, si importante en Europe, ne peut trouver d'application en Afrique. Sans doute il faut occuper Médéah, mais encore Miliana, Cherchel, Hamza et Delys, et joindre ces points par une bonne route retranchée.

Dans le chapitre III de notre premier ouvrage (1), nous avons proposé un système d'occupation partielle et successive; nous ne l'exposerons pas de nouveau ici, nous en ferons seulement ressortir les avantages. Des routes retranchées cernant, avec le rivage de la mer, des territoires assez vastes pour être déclarés immédiatement départemens français (2), semées, d'étape en étape, de grandes enceintes carrées avec des logemens pour les garnisons et des abris pour les voyageurs, et de mille mètres en mille mètres de blockhaus en pierre, nous paraissent le moyen le plus efficace pour nous emparer peu à peu du sol africain. Sans doute, avec ce système, il ne suffira pas à l'autorité militaire de dormir sur les deux oreilles à l'abri d'un mur, sans se préoccuper de ce qui se passe hors de nos lignes; sans doute il faudra exercer une vigilance active et de tous les instans; mais, ne sera-ce pas le devoir des chefs de l'armée, qui n'auront alors d'autre mission que celle de protéger nos établissemens agricoles et de lancer de formidables colonnes mobiles de cavalerie sur les agresseurs ?

Notre système doit être accepté avec la ferme résolution de

(1) Ouv. cité, pag. 9.

(2) *Voir la carte.*

cesser la guerre et de ne plus s'exposer avec désavantage aux coups de guérillas insaisissables. « Les talens des plus »grands généraux, dit M. le général Bugeaud, réunis en un »seul, ne forceront pas les Arabes à combattre quand ils n'en »ont pas l'intention. Rien ne les oblige à vous attendre; ils »n'ont rien à garder, rien à protéger, parce que leur force, »consistant en cavalerie irrégulière, ils ne peuvent défendre »un point fixe contre une armée régulière. » A quoi sert donc d'épuiser nos forces en vaines fatigues? Établissons-nous solidement sur un terrain assez vaste pour y recevoir des colons. Que notre unique soin soit de favoriser l'augmentation d'une population qui, seule, sera la véritable force de l'Algérie; que les trésors que dévorera une guerre à laquelle il est impossible d'assigner un terme, soient employés à d'utiles travaux : alors il sera permis d'espérer un résultat.

Nous ne saurions trop le répéter, la continuation de la guerre en Afrique suspendra l'adoption de tout système profitable ; elle n'est qu'une exploitation au profit de quelques personnages et de quelques favoris (1). Elle autorisera le maintien d'un pouvoir dictatorial, sujet à tous les écarts de la raison, qui peut-être enfantera des créations aussi bouffonnes et aussi stériles que le système arabe de la province de Constantine, en vertu duquel l'on expulse avec soin le seul élément de succès, *les populations européennes*. Depuis deux ans bientôt qu'il existe, peut-on citer une seule charrue française occupée à fertiliser cette admirable province? Les rapports et les bulletins sont réduits à annoncer, comme un progrès, la condescendance que veulent bien mettre les Arabes à échanger leur superflu en bestiaux contre notre numéraire. L'absurde, qui semble imprégné dans l'atmosphère de cette province, y porte

(1) Un Anglais, comparant les grades de l'armée anglaise à ceux de la nôtre, disait : Ils sont à peu près analogues ; cependant, vous en avez un que nous ne connaissons pas et qui paraît avoir été créé à l'usage de l'armée d'Afrique, sans doute à cause des cas imprévus qui doivent se rencontrer fréquemment dans ce pays, c'est celui de *mon gendre;* au besoin, dit-on, il supplée tous les autres, même celui de Gouverneur.

ses fruits; nous avons vu M. le général Galbois demander l'autorisation de concéder des terrains de Sétif à des Turcs. Coloniser avec des Turcs!! Où peut conduire l'inspiration des idées administratives de M. Valée!! Serait-ce encore une suite de ses grandes et belles expériences, trop admirées de M. Blanqui?

Il n'est pas hors de propos de faire ici un parallèle entre la guerre de la Péninsule et celle que nous faisons en Afrique. Le ministère apporte aux affaires de l'Algérie la même indifférence que l'empereur aux premières opérations de l'invasion d'Espagne. Cependant les Arabes peuvent, comme nous l'avons dit, disposer de 30,000 guérillas ; ils font la guerre pour la religion, pour leur indépendance particulière et pour le pillage. Les fautes que nous commettons ont fait disparaître le prestige qui nous entourait; elles enhardissent les Marocains et les Tunisiens ; et, si l'Angleterre vient à soutenir ouvertement ces populations, au lieu de s'en tenir à des encouragemens secrets, bientôt 100,000 hommes ne suffiront pas pour nous maintenir devant les Arabes.

Le général Foy signale, dans son histoire de la guerre de la Péninsule, des abus que nous voyons se renouveler de nos jours. Il dit (page 43, tome IV), à propos du remplacement du grand-duc de Berg par M. le duc de Rovigo: « Ce fut une » scandaleuse monstruosité dans une monarchie militaire, de » voir le doyen des maréchaux d'empire (Moncey), commandé » par un général de division »

N'est-ce pas également un scandale de voir un lieutenant-colonel d'état-major de fraîche date, appelé aux fonctions de chef de l'état-major-général de l'armée, tandis que des colonels ne sont que chefs d'état-major de division. Personne n'est dupe de la conservation, comme titulaire, de M. le général Auvray; on sait qu'il ne retournera pas à Alger, où il a été abreuvé de dégoûts par M. le maréchal Valée.

D'autres abus donnent à l'Afrique de la similitude avec l'Espagne. M. le duc de Rovigo, après y avoir remplacé le grand-duc de Berg, signale à l'empereur les fautes et les plaies qui dévorent l'armée. Il lui écrit (1) : « La méthode de

(1) *Hist. de la guerre de la Péninsule,* par M. le général Foy.

» patrouiller avec des divisions dans les provinces, avant d'en » avoir fini avec l'Aragon et la Catalogne, est propre à amener » des échecs partiels qui donneraient de la consistance à l'in- » surrection. Nous perdons quatre cents hommes par mois seu- » lement dans les hôpitaux. Notre armée ne peut être com- » parée à l'armée d'Allemagne : tout a été *calculé, d'après la » tournure que l'on croyait que les événemens prendraient, et non » d'après la position dans laquelle on se trouve aujourd'hui......* La » foule de jeunes gens présomptueux et avides d'avancement, » ne fait *qu'accroître notre embarras;* il faut vraiment être chargé » d'une grande besogne comme celle-ci, pour savoir mettre une » juste différence entre les jeunes gens chamarrés d'ordres et de » graines d'épinards, et un bon officier, ancien sergent ou ad- » judant, qui a traversé la révolution, n'ayant pour lui que sa » capacité et son devoir. »

Ces paroles semblent être prophétiques et s'appliquer mot pour mot à l'Afrique. M. le duc de Rovigo s'en est souvenu, lorsqu'il y a commandé. Il avait cessé ce patrouillage dans l'intérieur avec des divisions; il a cherché à s'établir solidement et d'une manière salubre pour les troupes, à Alger, à Bone et à Oran avant d'aller plus loin; il a sacrifié son palais d'été pour en faire un vaste hôpital; enfin, il a préféré se servir des officiers qui étaient depuis 1830 en Afrique, plutôt que d'amener à sa suite une foule dorée, avide d'avancement, et qui, après avoir obtenu grades et décorations, serait repartie pour Paris, y étaler des récompenses obtenues par la faveur, laissant aux hommes de l'armée les misères et les travaux pénibles dont ils seraient venus *marauder* les fruits.

Peut-être alléguera-t-on, pour le maintien du système guerroyant actuellement en vigueur, que l'Algérie est une bonne école de guerre pour nos troupes.

Il est vrai que pour réparer, autant que l'armée l'a pu, les fautes de M. le maréchal Valée, nos troupes dans quelques postes trop faiblement gardés, ou escortant, en trop petit nombre, quelques convois, ont trouvé l'occasion de faire plus que des prodiges de valeur, ou ont été dans la nécessité de périr glorieusement les armes à la main; les premières, sans obtenir les justes récompenses qu'elles ont si bien méritées, et les secondes, sans que leur mémoire ait été honorée par quelque mention à l'ordre du jour. Mais, ces actions brillantes isolées, qui témoignent hautement que notre armée n'a pas dégénéré, ne constituent pas une guerre, ni même une école : la guerre d'Afrique est une guerre de tirailleurs, d'officiers subalternes, et sauf trois, MM. Duvivier, Changarnier et La Moricière, tous les autres avancemens rapides pouvant conduire par la suite au commandement des armées, ne sont justifiés par aucune des qualités brillantes qui les distinguent. M. le général Gueheneuc seul parmi les généraux, se souvenant des traditions napoléoniennes, a su récompenser la compagnie qui s'est couverte de gloire à Mazagran, en lui donnant le drapeau qu'elle a conquis sur l'ennemi, tandis que M. le maréchal Valée, dont les débiles mains ne se plaisent plus, dit-on, qu'à tourner le fuseau d'Omphale, est resté muet devant tant de gloire, de même qu'il n'a su trouver dans son cœur aucun regret pour les braves qui ont été, en novembre et décembre derniers, les victimes de sa vaniteuse nullité. Les autres généraux ne trouvent d'éloge que pour leur propre gloire ; ils vont jusqu'à se citer, comme ayant eu leurs chevaux légèrement atteints (1).

Une guerre contre les privations, une guerre où les maladies seules éclaircissent les rangs de l'armée, ne peut être une école ; on doit craindre plutôt que, si elle se continue, nos soldats, déshabitués du canon et culbutant sans peine quelques groupes d'Arabes indisciplinés, n'éprouvent une surprise fatale, lorsqu'ils se trouveront en face d'une armée européenne et vis-à-vis de batteries formidables et bien servies. Sans doute cette surprise ne durera pas long-temps. Mais, l'indécision qui la suivra nécessairement, ne pourra-t-elle se manifester dans cet instant très-court, que Napoléon appelait l'*étincelle morale* qui décide du sort d'une bataille, et qu'un général habile doit savoir faire naître et saisir, sous peine d'être battu?

Nulle guerre n'a été si dure et si pénible que celle que nous

(1) Voir un rapport, du 15 décembre 1839, inséré dans la *Sentinelle de l'armée*, de janvier 1840.

perpétuons en Afrique. En Europe, après d'affreuses péripéties venaient quelques momens heureux; mais, nulle part, on n'éprouvait une continuation aussi monotone de misère et de souffrances, dont le catalogue se déroule en lettres de deuil dans les registres d'hôpitaux.

Le résumé de ce chapitre est que le système d'occupation générale n'est possible qu'avec 250,000 hommes; que l'occupation restreinte est sans profit pour la France et n'offre aucune compensation pour les sacrifices qu'elle fait depuis dix ans; que ce système conduirait à l'abandon; que la guerre est la plus ruineuse des combinaisons, et que ses prôneurs même ne peuvent en assigner nettement les résultats; qu'il n'y a de chances de succès, qu'en adoptant le système de l'occupation partielle et successive et en se tenant sur la défensive. On le peut, avec 35,000 hommes pour les trois provinces.

CHAPITRE IV.

Définition et constitution de la propriété. — Jury de révision des titres de propriété. — Conditions sans lesquelles ses opérations seront nulles. — Ses attributions.

Si la sécurité pour leur vie est le premier bienfait que demandent les habitans européens de l'Algérie, il en est un autre qui ne leur est pas moins nécessaire; c'est la certitude que leurs propriétés leur sont définitivement acquises, et qu'ils jouiront sans contestation du fruit de leur travail.

Le rapport à l'Académie des sciences morales, par M. Blanqui, a fait connaître à la France une question déjà soulevée depuis long-temps en Algérie, celle de la constitution définitive de la propriété. Si cet économiste a généralement jeté sur cette question un coup-d'œil remarquable pour sa justesse, eu égard au peu de temps qu'il a passé en Afrique, il n'a cependant pu se défendre de voir les choses avec des yeux prévenus par des idées préconçues ; il a assombri les couleurs du tableau qu'il fait de nos possessions africaines, et a surtout fait pressentir de telles difficultés à la solution du problème de la propriété, que l'on craindra peut-être d'entamer cette opération si indispensable.

Nous allons essayer de rectifier ceux des aperçus de ce savant, qui nous ont paru différer un peu de ce qui existe réellement. Nous devons le louer d'avoir si bien vu en peu de temps la province d'Alger; il est vrai de dire qu'il a puisé aux meilleures sources, qu'il a obtenu des renseignemens de MM. Berbrugger, de la Moricière et Duvivier. Sa relation de ce qu'il a vu à Constantine se ressent de l'absence de notions aussi exactes : ses conclusions sont étranges, comme nous le verrons au chapitre X. Il y a été renseigné par les agens de M. le maréchal Valée, conséquemment intéressés à lui déguiser les côtés faibles du système qui régit Constantine, ou plutôt en dépit duquel cette province se maintient immobile.

Mais, passons à l'examen de la première partie de son rapport.

Il cite d'abord le superbe hôtel de M. de la Tour-du-Pin, comme rapportant à son propriétaire un revenu considérable. Cette grave erreur laisserait croire que si, malgré les charges énormes dont le fisc accable toutes les nouvelles créations, il est encore possible de réaliser de gros bénéfices, l'administration a bien agi dans l'intérêt du trésor. Mais il n'en est pas ainsi : M. de la Tour-du-Pin retire à peine de sa maison le même revenu de pareil immeuble en France ; et certainement, s'il eût pu prévoir que le terrain sur lequel il a bâti lui coûterait plus de 2,000 fr. la toise carrée, il n'eût pas autorisé ses agens à traiter avec l'administration à des conditions aussi onéreuses. Il serait, nous le croyons, assez disposé à céder cette *excellente* affaire à quiconque lui rembourserait le capital qu'il y a placé. Si l'administration réduisait de 13,000 à 1,000 fr. la rente qu'il paie pour son terrain, alors seulement il aurait fait une affaire médiocrement bonne. Nous désirons sincèrement qu'il obtienne un dégrèvement pour lequel il est en instance.

M. Blanqui signale comme un fait très-certain la ruine de ce qu'il appelle la *bourgeoisie* arabe. Sans doute les armateurs et ceux qui ne vivaient que de piraterie, ont perdu leur revenu principal; mais les Arabes des villes (*que nous appelons Maures*) qui tous étaient marchands, ou exerçaient une profession (personne n'est oisif à Alger), ont proportionné le prix de leurs marchandises à celui du blé et des denrées. Loin d'être ruinés, plusieurs ont augmenté leurs revenus par la location de leurs maisons de campagne et de celles du bas de la ville, pour se retirer dans celles qu'ils possédaient dans le Haut Alger. Ils louent les boutiques que les chrétiens leur préparent dans les bazars qui s'élèvent de toutes parts; plusieurs bâtissent eux-mêmes, se soumettant aux règles de la voirie pour l'alignement et la forme des maisons. Les employés maures n'ont point perdu des emplois, qui tous étaient dévolus aux Turcs ou Coulouglis. Sous ce rapport, ils ont même gagné; car, dans presque toutes les administrations, on trouve des employés algériens. Les fanatiques seuls se sont éloignés.

Les Arabes des campagnes sont ceux qui ont le plus gagné au nouvel ordre de choses; leurs dépenses sont restées les mêmes, et leurs bénéfices ont quadruplé: M. Blanqui l'observe avec justesse.

Ce savant, passant à la description de la Mitidja et de l'Atlas, s'est trop abandonné au plaisir de faire un tableau fantastique. Lorsqu'il s'agit d'intérêts aussi graves que ceux que nous avons en Afrique, il faut avant tout être vrai, au risque d'être trivial. Il représente à tort la plaine comme continuellement couverte d'un nuage de vapeurs mortelles, et il en conclut qu'elle est incolonisable, avant d'avoir été assainie. Pense-t-il que le gouvernement anglais ait fait des travaux d'assainissement pour les *Settlers* qui se sont emparés du sol de l'Amérique? Néanmoins, les État-Unis ont prospéré. Qu'on donne de la sécurité aux colons, la culture fera le reste. Nul doute que bien des personnes périront avant que tout soit cultivé; mais, n'y a-t-il pas des milliers d'années qu'on meurt autour des Marais Pontins et de ceux de l'ouest de la France? Malgré ces inconvéniens, des populations nombreuses en habitent les bords. Quant au mirage décevant qui attire invinciblement le voyageur sur les 2e, 3e et 4e assises de l'Atlas, dont il fait une sorte d'échelle de Jacob, nous n'avons pas éprouvé ces hallucinations. L'Atlas n'a pas un aspect différent des montagnes des autres contrées, si ce n'est qu'il est vert et cultivé; et nous avons remarqué que, loin d'être chargée de miasmes, l'atmosphère de la plaine est extrêmement souvent d'une limpidité telle, que les objets les plus éloignés perdent ces contours mous qu'un air chargé de vapeurs leur donne ordinairement.

Toutes ces illusions du cerveau poétique de M. Blanqui ont complétement échappé aux colons, qui n'ont prosaïquement vu que de magnifiques terres, qu'ils brûlent du désir de fertiliser.

Nous ne savons ce que veut dire M. Blanqui, quand il prétend que c'est un grand honneur pour la civilisation française d'avoir, par sa présence, aboli l'esclavage encore en usage dans plusieurs républiques. Ce savant est dans une grave erreur. Dans la précipitation qu'il a mise à publier ses observations, il a négligé de s'assurer de ce qu'il affirme. M. le colonel de la Moricière aurait pu lui apprendre que plusieurs esclaves noirs, croyant échapper à l'esclavage, sont venus servir dans les zouaves, mais que toujours le Ministre de la guerre a ordonné qu'ils fussent rendus à leurs maîtres. Il n'y a pas encore un an, qu'un couple noir qui avait cru en venant à Alger se réfugier sur la terre de la liberté, a été rendu à Abd-el-Kader par M. le maréchal Valée. Disons, en passant, le motif de cet acte inhumain. M. de Salle, *le gendre* en question, avait été chargé d'obtenir de l'Émir la permission, pour M. le Maréchal, d'aller à Hamza. L'Émir, plus fin que M. de Salle, parut y consentir, à la condition qu'on lui rendrait le couple noir, pour en faire un exemple; le *gendre*, qui tenait à réussir dans une mission qui devait lui donner, par suite de l'expédition qui s'ensuivrait, le grade de lieutenant-colonel, promit le couple : ces malheureux furent rendus et égorgés, mais la permission d'aller à Hamza ne vint pas. Cependant, comme il fallait le grade à M. de Salles, la prise de Gigeli fut résolue; on imagina un prétexte qui n'exista plus au moment de l'expédition. Plus tard, pour aller à Hamza, on fut obligé d'aller passer par Constantine et les Bibans.

Nous n'avons également pas compris ce que M. Blanqui voulait dire, lorsqu'il a parlé de la grande et belle expérience commencée à Constantine et continuée à Bélida et à Coléah sur les musulmans. Nous ne doutons pas que M. le maréchal Valée ne préfère laisser nos amis les ennemis en possession des magnifiques jardins et des terres qui environnent ces villes, et qui cependant ont été vendus à des Français. Nous sommes persuadé que dans son inhabileté à créer des institutions qui concilient les intérêts, et dans sa haine *des chapeaux ronds*, il n'ait préféré interdire l'entrée de ces jardins à qui que ce soit. Aujourd'hui les plantations d'orangers, privées des eaux qui leur sont nécessaires, languissent et dans peu de temps seront détruites par l'établissement des fortifications européennes. Les maisons s'écroulent de toutes parts ; et si ces belles expériences continuent, l'Afrique ne sera bientôt plus qu'un amas de ruines. Les prétendues expériences de M. Valée sont tout simplement un temps d'arrêt imposé par lui au progrès, une absence de mouvement. Il n'a pas encore compris qu'on ne peut rien espérer des Arabes, et que jamais, quoi qu'il fasse, les revenus qu'il obtiendra d'une population extrêmement rare, ne balanceront les énormes dépenses de son système, en supposant même que ces revenus ne soient pas perçus par les mains infidèles de kalifas de sa fabrique.

M. Blanqui a mis le doigt sur une des plaies qui désolent l'Algérie, le manque d'assiette de la propriété ; mais il paraît croire que le remède à ce mal sera d'une difficile application. Il propose la formation d'un Jury de révision des titres de propriété. Cette institution est urgente, *armée, comme il le veut, d'un pouvoir assez élevé pour que ses décisions soient sans appel et au-dessus des arguties de procédures.* Il ne s'est point expliqué sur les attributions de ce Jury, et surtout sur le point de départ de ses travaux. Nous allons essayer de remplir cette lacune.

Les opérations du Jury de révision des titres de propriété, ne doivent pas seulement avoir pour but de reconnaître le plus ou moins d'authenticité des titres actuellement existans, et de s'assurer que des propriétés du Beylick n'ont pas été vendues illégalement : une telle opération ne changerait rien à ce qui existe. Il faut qu'après les décisions de ce tribunal, chaque acquéreur soit investi de tous les droits de propriétaire.

Avant tout, il faut que les substitutions soient anéanties,

comme nous l'avons dit, page 39 de notre premier ouvrage sur l'Algérie ; que les rentes puissent être rachetées, capitalisées au 10 pour °/₀, soit qu'elles appartiennent à l'État ou à des propriétaires indigènes, soit aux corporations. Il faut que l'État renonce, pour lui et les corporations, aux droits que le *habous* conférait ; car, nous l'avons dit, le *habous* était une garantie contre les confiscations illégales. Ce danger a cessé ; le trésor ne peut bénéficier de la protection que l'*islamisme* ne peut plus accorder à des *chrétiens;* d'ailleurs, l'anéantissement des substitutions détruirait ces droits.

Les actes du Jury ne devront pas avoir d'effet rétroactif. Tout ce qui a été consommé de bonne foi par une des parties contractantes, doit être accepté comme valable, sauf à poursuivre devant les tribunaux les délinquans.

Nous n'ignorons pas que quelques acquisitions ont été faites frauduleusement, ou par abus d'autorité ; nous pourrions même en citer quelques exemples qui ont donné lieu à des procès scandaleux. Mais la plupart des immeubles, acquis d'abord par des manœuvres coupables, ont déjà changé de propriétaires. Une révision ayant des effets rétroactifs, engendrerait des procès interminables : le remède serait pire que le mal. L'administration elle-même ne serait pas exempte de blâme pour des abus de pouvoirs, tels que ceux d'avoir exproprié sans nécessité, et sans que, depuis bien des années, les intéressés soient parvenus à faire régler leur indemnité.

Les opérations du Jury devront être subordonnées aux travaux du cadastre ; car, pour faire acquérir une validité incontestable aux titres de propriété, il faut nécessairement qu'ils soient l'expression d'un immeuble défini par sa contenance et sa situation. On comprend, dès-lors, que le Directeur du cadastre doit immédiatement commencer son œuvre, à partir des portes des villes que nous occupons, et préparer ainsi les matériaux qui devront servir aux travaux du Jury.

Pour empêcher que le problème ne se complique encore, il serait nécessaire d'interdire les ventes notariées et enregistrées de tout immeuble dont le titre n'aurait pas subi l'examen du Jury, qui devra, pour le rendre légal, y mentionner sa décision, ainsi que l'évaluation de la contenance en hectares,

ares, etc.; la situation topographique si c'est une terre, et la position en ville si c'est une maison. Les transactions sous seing privé, aux risques et périls de l'acheteur, seront tolérées, sauf à leur donner la sanction exigée par la loi, au fur et à mesure que les opérations du cadastre permettront au Jury de statuer.

Si un acte de propriété est reconnu faux, l'acheteur ne sera point troublé dans sa possession; mais le vendeur perdra ses droits, deviendra passible de la sévérité des lois et responsable envers le véritable propriétaire primitif, qui sera mis en son lieu et place.

Si un immeuble est reconnu avoir été l'objet, sous divers noms, de plusieurs transactions, il demeurera la propriété de celui qui sera en possession du titre véritable; mais, si aucun acte ne peut être produit, et que des prétendans se présentent comme propriétaires, le Jury examinera si leurs prétentions sont fondées: dans les cas où les preuves ne lui paraîtraient pas suffisantes, le domaine serait mis au lieu et place du vendeur, ou deviendrait propriétaire si l'immeuble n'a pas été vendu.

Toute propriété qui sera reconnue avoir été soumise à l'impôt du *hoker* (loyer des terres) avant la conquête, sera déclarée propriété de l'État; et, dans le cas de vente illégale, le domaine ne fera que se substituer au vendeur pour la perception des rentes, afin que l'acquéreur ne soit point troublé dans sa possession.

Si une propriété, contenant un petit nombre d'hectares, avait été vendue comme en contenant un grand nombre, et que le marché fût reconnu onéreux à l'acquéreur, il serait loisible à celui-ci de le résilier; les indemnités auxquelles il pourrait prétendre, seraient fixées par un jugement du Tribunal de première instance.

Les biens séquestrés continueront à être administrés par le domaine, jusqu'au moment où le séquestre viendrait à être levé.

Telles sont les bases d'après lesquelles le Jury de révision pourrait opérer sans secousses; alors, la confiance naîtrait et tout rentrerait dans l'ordre. On le voit, l'action du fisc doit être écartée autant que possible.

En 1834 ou 1835, une commission, pour la révision des

titres de propriété, avait été établie, mais elle n'a amené aucun résultat, faute d'avoir été munie de pouvoirs et d'avoir été instituée légalement.

Le cahos dans lequel se trouve la propriété, ne s'étend pas heureusement au-delà des limites de la Mitidja, et dans Bone et Oran, au-delà de limites plus restreintes: le mal n'est donc pas sans remède. Nous avons la conviction qu'un grand nombre d'immeubles reviendront à l'État, ou du moins leurs revenus; car un grand nombre n'ont été vendus par les Arabes, qu'au moyen de manœuvres frauduleuses.

Voici quelques-uns des moyens employés. Lorsqu'un immeuble (terre, car les maisons avaient toutes un propriétaire connu) tentait quelque Européen et qu'il en recherchait le propriétaire, il se présentait toujours quelqu'un. S'il n'avait pas de titres, il suffisait de faire dresser, devant le cadi, un acte de notoriété publique signé par sept témoins, constatant qu'il était au su du public que tel immeuble avait toujours appartenu à la famille du vendeur: tout cela se faisait au moyen de quelques boudjous qui défrayaient le cadi et les témoins. Souvent les acheteurs étaient de connivence avec le vendeur supposé: cependant il faut dire qu'à Alger, ces transactions frauduleuses ont été assez rares.

A Bone, outre ce moyen, il en existait un autre, employé plus fréquemment et qui a occasioné des procès scandaleux, c'était celui de fausses procurations.

On se rapelle que le fameux Ben-Aïssa, aujourd'hui un des kalifas de M. le maréchal Valée, à Constantine, avait, en 1832, expulsé tous les habitans de Bone, après avoir saccagé la ville. La plupart des Maures, ainsi chassés, se réfugièrent à Tunis, à Constantine, à Milah, etc.; en sorte que, lors du coup de main qui livra Bone à Jussuf et au commandant d'artillerie d'Armandy, la ville était entre les mains de quelques centaines de Turcs.

Alors, les premiers Européens qui arrivèrent, c'est-à-dire les militaires, voulurent être propriétaires; et, quelque regret que j'éprouve à le dire, quelques-uns, en fort petit nombre, employèrent, pour le devenir, des moyens que la probité réprouve.

Ils produisirent de faux oukils (chargés d'affaires), munis de fausses procurations, et, par ce moyen, achetèrent à des prix tellement vils, que les conditions d'achat étaient déjà un indice de fraude.

Nous dirons que toutes ces prévarications purent avoir lieu facilement à Bone; car l'intrigue y fit nommer cadi, un des quatre frères Zarouk, qui passaient généralement pour les assassins du capitaine de zouaves Bigot. Le meurtre fut commis devant la maison des Zarouk, et le coup mortel fut tiré de l'intérieur de la skiffa (allée).

On conçoit, dès-lors, par combien de complaisances ce cadi dut acheter la faveur de sa place.

Bone est, du reste, la ville où il se commit le plus d'iniquités, et c'est précisément celle que M. Blanqui n'a pas visitée.

De là, sans doute, la défense ministérielle aux militaires et employés de devenir acquéreurs. Mais cette défense manqua son but; ceux qui avaient abusé de leur influence pour acheter, restèrent propriétaires, et ceux qui auraient pu acheter légalement, s'en abstinrent. On conçoit que cette interdiction pouvait être utile, appliquée aux chefs de service et d'administration; du reste, elle tomba bientôt en désuétude: on sentit qu'on ne pouvait empêcher un citoyen de disposer de ses fonds comme il l'entendait.

Telle est la question des propriétés considérée sous le point de vue le plus simple. Il ne faut que vouloir pour obtenir un résultat prompt et désiré de tous.

CHAPITRE V.

Concessions. — Revenus pour l'État.

On parle de concessions; chacun en désire, sans trop savoir ce qu'il en est. Pour éclairer l'opinion à cet égard, nous rapporterons ici quelques faits.

En 1835, M. le vicomte Dax obtint à Mimouch, dans la

plaine de la Mitidja, une vaste concession, à raison d'une rente de 50 centimes par hectare. Dans le terrain il se trouvait aussi des bâtimens pour l'exploitation. Certes, avec d'aussi belles conditions, un avenir prospère semblait s'ouvrir pour l'heureux concessionnaire. On ne lui avait imposé d'autre obligation que celle de cultiver; il en avait lui-même le plus vif désir.

Pour commencer et pour utiliser les produits des terrains qu'il ne pouvait labourer d'abord, il acheta des bestiaux et les plaça dans ses immenses prairies, sous la garde de quelques colons qu'il avait attirés dans ses terres pour les faire valoir. Tout alla bien dans le commencement; mais, au bout de quelques mois, M. Dax s'aperçut que son troupeau diminuait sensiblement: les Arabes des tribus de la montagne venaient voler, les armes à la main, ses bœufs, ainsi que tout ce qui, dans la ferme, était à leur convenance; heureux encore les colons qui, en défendant leur bien, n'étaient pas massacrés par les Kabaïles!

Après avoir constaté l'impossibilité qu'il y avait à exploiter une concession en apparence si avantageuse, et après y avoir vu se dissiper, sans chance d'avenir, une dixaine de mille francs, M. Dax renonça sagement aux libéralités de l'administration, pensant avec raison que, sans sécurité, il y aurait folie à persévérer. Il résilia, au bout de deux ans, les terres qu'on lui avait concédées. Les événemens de 1839 sont venus confirmer ses sages prévisions.

Si M. Dax eut le courage de sacrifier l'argent qu'il a perdu, sans se bercer de l'espoir de le récupérer en multipliant ses avances, c'est que sa fortune lui permettait de prendre ce parti. Mais les malheureux qui avaient jeté tout leur avoir, les uns 10,000 fr., les autres 20,000 fr., dans des spéculations agricoles, n'ont pu subir la nécessité à laquelle M. Dax s'est soumis; ils ont continué à faire des sacrifices que la guerre actuelle a rendus inutiles. La plupart sont ruinés et n'ont plus de ressources pour se relever; ils ont compris, mais trop tard, que, sans sécurité, les concessions sont des leurres auxquels se prendront encore bien des personnes; chacun se croit plus heureux et plus habile que son prédécesseur. Les calculs de la laitière de la fable sont, à Alger, plus séduisans que partout ailleurs.

L'administration algérienne, loin de prévenir des désastres futurs, en ajournant les concessions jusqu'à des temps plus heureux, les multiplie, dit-on, de tout son pouvoir. La prospérité sur le papier est la seule dont le gouvernement colonial se soucie; elle remplit son but, puisque le Ministère, abusé par ses rapports, la comble de récompenses et de faveurs, et satisfait aux demandes de tous les solliciteurs d'emplois.

On a fait aux colons le reproche de négliger la grande culture pour le jardinage. Ce reproche est d'autant moins fondé, qu'ils ont fait plus qu'on ne devait attendre d'eux; plusieurs l'ont tentée, cette grande culture; ils ont tous trouvé une ruine certaine: sans sécurité, cela devait arriver.

La rente de 50 centimes par hectare à laquelle on avait soumis M. Dax, ne peut devenir la base de cette sorte de transaction. Sans possibilité d'exploiter, elle est encore trop forte; mais, avec une protection certaine et avec l'assurance de récolter, elle est trop faible, et le trésor n'y trouverait aucune compensation.

Revenons ici sur le système d'occupation partielle et successive, que nous avons exposé dans notre premier ouvrage (*Voir la carte*), et qui consiste à cerner, dans chacune des provinces de Constantine, de Titeri et d'Oran, un terrain de 600 lieues carrées, au moyen de routes retranchées semées, de mille mètres en mille mètres, de blockhaus en pierres, et, de sept lieues en sept lieues, de maisons carrées crénelées servant de gîtes d'étape. On pourra agglomérer autour de chaque poste et sous leur protection, une population militaire, c'est-à-dire, d'anciens militaires habitués à se servir d'armes et en connaissant toute la valeur. Les villages seront entourés d'un mur crénelé, derrière lequel les habitans pourront faire une bonne défense, après avoir, au moindre signal de danger, réuni dans l'enceinte leurs familles et leurs troupeaux. Les derniers événemens de la plaine de la Mitidja nous ont prouvé que, dans de simples fermes, les colons ont pu résister avec avantage à des nuées d'Arabes, et que ce n'est que faute d'armes et de munitions qu'ils ont été obligés de céder. Ces villages, groupés autour des blockhaus en pierres de la route retranchée, peuplés d'anciens militaires et se trouvant à mille mètres seulement les uns des autres, formeront déjà une ceinture que les Arabes n'oseront guère franchir, surtout lorsqu'ils auront éprouvé que leurs habitans savent se défendre. Si l'ennemi se présentait en force, les colonnes mobiles de cavalerie, averties par le canon des blockhaus, se trouveraient bientôt réunies sur le point d'attaque, et, conjointement avec les populations, elles auraient bientôt repoussé l'agresseur.

Par la suite, d'autres villages militaires prendront naissance en arrière de ceux de la route, et formeront une seconde ligne défensive. Nous insistons surtout pour que d'anciens militaires seuls soient installés sur la lisière des territoires cernés ; car, destinés à résister aux Arabes, il faut qu'ils soient aguerris. Nous avons vu des colons n'ayant jamais touché d'armes, surpris par les Arabes, s'enfuir en jetant, pour alléger leur fuite, celles dont ils s'étaient munis, et par cela même devenir plus sûrement les victimes de leurs ennemis.

Dans l'intérieur des territoires cernés, les populations civiles pourront s'installer avec plus de sécurité : les accidens se réduiront à de simples meurtres isolés, mais jamais on ne verrait se renouveler les désastres de décembre 1839, et l'accroissement successif de la population diminuerait les chances de danger.

On conçoit que, à cause de leur position critique, les colons militaires devront recevoir gratuitement, ou à titre de prêt, non-seulement des terres, des habitations, mais des secours en armes, en munitions et même en vivres au besoin. Les colons moins exposés ne pourront leur envier des secours si chèrement achetés.

Pour arriver promptement à ces résultats, il faut d'abord s'emparer, dans la province d'Alger, de Miliana, Medeah, Hamza et Delys ; commencer immédiatement les travaux de la route qui doit joindre ces points; faire les blockhaus en pierres, et les maisons carrées, gîtes d'étape, pour y installer au fur et à mesure leurs garnisons. Cherchel est pris ; c'est le premier pas du système que nous proposons. On devrait, après la prise de ces villes, déterminer les emplacemens et les maisons nécessaires au logement des troupes, et concéder à bas prix les autres habitations aux personnes civiles qui seraient disposées à s'y établir.

C'est en vain que le système absurde en vigueur aujourd'hui, éloigne les marchands et les ouvriers des points conquis depuis l'accession de M. le maréchal Valée au gouvernement. Il faudra les laisser arriver; car les vivres de campagne ne suffisent pas seuls à l'existence de l'homme; d'ailleurs, comme milice armée, ils rendent des services. On ne doute pas que, sans la présence à Alger d'une nombreuse et brave population civile, il n'y eût eu des soulèvemens de la population arabe : nous ne concevons d'autres entraves à apporter aux opérations commerciales des colons, que la prohibition expresse des denrées de mauvaise qualité et pouvant nuire à la santé publique.

Les mêmes mesures devront être adoptées dans la province d'Oran, lorsqu'on occupera Tlemcen, Mascara et la Tafna, et dans celle de Constantine, où l'on possède Constantine, Milah et Gigeli.

Avec les troupes nombreuses actuellement dans l'Algérie, tous les travaux des routes retranchées pourront être achevés en trois ans; alors seulement l'administration pourra faire de bonne foi des concessions, et il y aura profit pour les colons à les accepter. Les concessions dans un rayon de 5 lieues autour d'Alger pourront être faites à raison de 5 à 10 fr. de rente l'hectare, suivant la qualité des terres; celles dans un rayon de 5 à 10 lieues, à raison de 2 à 5 fr., et au-delà, gratuitement au moins pendant 30 ans. Cependant, les deux premières sortes de concessions devront être gratuites pendant 10 ans, à cause des premiers frais de bâtisse et d'installation des colons. A cette époque, les 960,000 hectares du département du Bouzaria produiront, évalués à une rente moyenne de 4 fr., 3,840,000 fr.

En raisonnant d'une manière analogue pour les départemens de la Seybouse et de la Tafna, on aurait, au bout de 10 ans, pour chacun d'eux, un revenu semblable, c'est-à-dire, près de 10 millions pour les trois, et, par la suite des temps, pour les 10,000 lieues de l'Algérie, un revenu de 55 millions que nous réduirons à 35, pour faire une large part aux mécomptes. Ces 35 millions ajoutés aux 200 millions annuels que nous avons dit devoir être, dans 50 ans, la part pour laquelle les 6 millions d'habitans futurs de l'Algérie contribueront au budget national, feront un revenu de 235 millions.

Tel est l'avenir de notre conquête. Mais le moyen d'arriver à ce résultat, et sans lequel tous ces calculs seront vains, est qu'un acte législatif prononce sans retard la réunion de l'Algérie à la France; que les lois de la métropole, sauf celles qui régissent les finances, y soient mises en vigueur, et que les autorités judiciaires, civiles et militaires n'y diffèrent point de celles de nos départemens français; enfin, que la capitale de l'Algérie soit Paris.

On nous pardonnera les répétitions qui se trouvent dans cet ouvrage à ce sujet; mais on ne saurait trop appuyer sur la nécessité d'arriver au résultat que nous désirons. L'expérience des dix années passées est une preuve convaincante de la stérilité administrative d'un gouvernement colonial, sans autre ambition que celle qui lui est personnelle, sans foi en l'avenir du pays et sans courage pour faire le bien.

Les concessionnaires seraient soumis aux conditions suivantes :

1° Interdiction de vendre les terres, avant qu'elles soient mises en valeur, soit par le labour, soit par le nettoiement des prairies;

2° Obligation de planter annuellement, sous la direction des agens-forestiers, un certain nombre d'arbres de haute futaie, dont l'administration fournirait les plants à un prix modéré;

3° De clore les concessions au fur et à mesure qu'elles seront mises en valeur, par des haies de cactus et d'aloës. (La première de ces plantes fournit un fourrage vert que les bestiaux mangent avec plaisir, et un fruit savoureux; la seconde, un filament précieux et des tiges qui seront très-utiles dans les constructions rurales.)

Nous ne prétendons pas approfondir la question des concessions et de leurs revenus probables pour le Gouvernement; nous avons voulu simplement asseoir une base et fixer les idées sur la manière dont il nous semble qu'elles doivent être entendues; nous avons voulu faire connaître, au moyen de chiffres, les avantages qui résulteront.

Les revenus de l'Algérie ne se borneront pas aux produits en grains, qui, par leur richesse, promettent au Gouvernement une solution à la loi des céréales. Qui peut dire quelles sont les richesses minérales contenues dans des montagnes vierges de toute exploration ? L'avenir seul nous les fera connaître, si toutefois nous ne perdons pas, par nos fautes, un pays convoité par plus d'une puissance.

CHAPITRE VI.

Établissement des Comités agricoles.

Les concessions, pour être rationnellement faites et par conséquent productives et pour l'État et pour les concessionnaires, ne devront pas être sous la direction immédiate du personnel administratif des domaines ; on devra créer comme intermédiaire entre le trésor et ceux qui demandent des terres, des Comités composés d'hommes qui, depuis le commencement de l'existence de l'Algérie pour la France, s'occupent des intérêts agricoles du pays. Ces Comités pourraient être sous la direction des Conseils-généraux des nouveaux départemens ; ils recevraient les demandes des terres, et examineraient avec soin les titres qui les accompagnent, afin de proportionner la quantité d'hectares à concéder, aux moyens d'exploitation que chacun des demandeurs aurait à sa disposition.

Ils présideraient surtout à la rédaction d'un moniteur agricole, qui aurait pour but d'éviter aux colons des tâtonnemens toujours dispendieux.

Les concessionnaires seront divisés en trois classes :

1° Ceux qui, possesseurs d'un capital considérable, voudront entreprendre la grande culture. Pour eux, le nombre d'hectares ne serait limité que par leurs demandes, après qu'ils auraient justifié cependant de la possession des moyens d'exploitation.

2° Ceux qui n'ayant que des moyens restreints, ne pourront devenir que ce qu'on appelle en France de petits propriétaires.

3° Enfin, ceux qui n'ont que leurs bras.

Les Comités, à la disposition desquels seront mis des moyens d'existence pour ces derniers, les recevront à leur arrivée dans l'Algérie, les installeront dans des dépôts où ils trouveront une existence assurée, en attendant qu'on leur ait assigné de petits lots de terre et des moyens de travail.

Si, malgré l'activité que devront mettre les membres du Comité à préparer leur travail, de manière que la terre attende plutôt les colons, que les colons la terre, les concessionnaires de la 3me classe ne trouvaient rien de préparé pour eux à leur arrivée, on devrait leur ménager une part dans les travaux des routes et des ports. Cependant il faudrait éviter, autant que possible, d'avoir recours à cette extrémité ; ils pourraient d'ailleurs, à leur choix, être installés comme fermiers chez les concessionnaires de la 1re classe qui auraient besoin de bras.

L'on devra surtout s'attacher à tenir des terrains disponibles pour les concessionnaires de la 2me classe, afin qu'ils ne soient plus exposés, comme cela est arrivé jusqu'à présent, à manger leurs ressources en attendant pendant un an le bon plaisir de l'administration.

Les Comités agricoles détermineront dans les limites indiquées dans le chapitre précédent, la quotité des rentes par hectare des terrains qui seront concédés, la quantité d'arbres que devront planter annuellement les colons.

Ils devront signaler à l'administration les agriculteurs qui auront mérité des primes d'encouragement. Ils signaleront également les terres détenues sans culture par les agioteurs de propriétés, afin qu'elles soient grevées d'un impôt si lourd qu'aucun d'eux ne soit tenté de les garder improductives.

Après la sécurité, un des moyens les plus efficaces pour encourager les colons à s'adonner avec zèle à la grande culture, c'est la certitude où ils seront que l'administration militaire n'aura recours qu'à eux pour la fourniture des denrées nécessaires à l'armée, et qu'elle fera disparaître les abus qui s'y opposent (1).

En effet, n'est-il pas digne de remarque que le gouvernement colonial n'ait pas eu pour principal but d'obtenir que, dans un pays où le fourrage abonde, on ne fût plus obligé de recourir à d'onéreuses fournitures venant d'Italie ; que sur une terre qui ne demande qu'à produire, on pût se passer de la Russie pour des grains, et de l'Amérique pour des farines ; et surtout que, entourés, comme nous le sommes, d'immenses pâturages, nous ne fussions plus à la merci des Arabes pour des bestiaux, et leurs tributaires pour cette denrée d'une somme annuelle de six millions de francs ?

La nécessité où nous sommes actuellement de tirer de France les bestiaux pour la nourriture de la colonie, est la preuve la plus palpable que le gouvernement qui préside à ses destinées est non-seulement inhabile, mais coupable. En

(1) Si parfois l'Intendance militaire a eu l'heureuse idée de faire les achats de fourrage sur les lieux, sa bonne intention a été paralysée par l'avidité et l'infidélité de quelque agens subalternes. Dernièrement, à Alger, un personnage connu, voulant prouver que les colons étaient volés impudemment, fit peser largement, devant témoins, 42 quintaux de foin ; il dressa procès-verbal du chargement et accompagna la voiture jusqu'au magasin à fourrage. Lorsqu'il voulut faire la livraison, on lui répondit, selon l'usage adopté par les comptables, qu'on n'avait pas le temps de procéder à la réception, mais qu'il eût à repasser dans deux jours et qu'on lui donnerait une réponse. Au bout de ce temps il revint, et le comptable lui dit : Votre foin est reçu ; nous en avons trouvé 19 quintaux. A ces mots, le colon s'en alla, fit sa plainte, et nous ignorons ce que cette affaire est devenue. Nous croyons que M. de Loynes, député, a recueilli des notes à cet égard, pendant son voyage à Alger. C'est ainsi que MM. les comptables agissent avec les colons; et si ceux-ci, indignés, murmurent quelques plaintes, on leur propose de reprendre leur foin; alors, plutôt que de supporter de nouveaux frais, ils sont obligés de subir la nécessité. C'est ainsi que, dégoûtés d'une première et ruineuse épreuve, ils préfèrent laisser perdre leurs récoltes.

Angleterre, une cour martiale connaîtrait d'une pareille gestion. On ne conçoit pas que le Ministère hésite encore à intervenir, et qu'il ait moins de courage à sévir contre les abus, qu'à exposer la France à l'humiliation et aux dangers de nos revers en Algérie.

Nous venons de lire dans les journaux, que son Altesse Royale le duc d'Orléans a fait écrire à M. Toudouze, avocat à Bone, qu'il avait reconnu la nécessité de donner enfin de l'eau potable à la ville, et que les travaux de la fontaine allaient être exécutés;

Qu'une route passant par le pays des Radjetas, et allant rejoindre la route de Constantine à Philippeville, serait incessamment commencée;

Qu'on allait aussi déterminer le rayon dans lequel les acquisitions et les concessions pourraient être faites.

Si ces promesses sont une preuve certaine de l'intérêt que prend ce prince à l'Algérie, les demandes des colons prouvent aussi qu'ils ne comprennent point leurs premiers intérêts, c'est-à-dire, la fixation définitive de la position sociale et politique de l'Algérie.

Les travaux des routes et de la fontaine peuvent seuls être exécutés pour le moment. Quant à la demande de la fixation d'un rayon dans lequel on pût acheter ou obtenir des concessions, une solution sera illusoire et ne conduira à aucun résultat, avant que l'Algérie soit devenue France, que la sécurité y règne et que la propriété soit définitivement assise.

Les travaux des Comités agricoles sont intimement liés aux travaux du cadastre; il faut donc que ce dernier reçoive une direction tout autre que celle qui lui est donnée actuellement. Il devra s'occuper spécialement du lever des biens qui environnent les villes habitées par des Européens, sans être astreint à suivre les projets de concessions de l'administration actuelle. Pendant notre séjour à Bone, un géomètre arriva seul; il s'adressa aux autorités, qui n'ayant reçu aucune instruction à cet égard, ne purent le diriger. Il fut contraint de retourner à Alger, parce que, seul, il ne pouvait rien faire, et que les autorités n'étant pas prévenues, il ne put rien obtenir d'elles. Cet exemple n'est pas le seul de l'absurdité des procédés administratifs en Afrique : c'est ainsi que tout se fait depuis long-temps ; il ne faut donc plus s'étonner que rien n'y réussisse.

CHAPITRE VII.

Des Tribunaux.

L'INSTITUTION, en Algérie, de Tribunaux exceptionnels, est une forte présomption des idées d'abandon que le Gouvernement français a nourries, avant la déclaration authentique du Roi. On a évité de créer, en Algérie, des emplois qui, de leur nature, doivent être inamovibles, et dont l'existence aurait pu devenir embarrassante au moment où l'on aurait effectué l'évacuation.

Fatale préoccupation d'une politique timorée ! Les Tribunaux de l'Algérie sont une monstruosité judiciaire ; leurs membres ne sont pas à l'abri des mesures coërcitives du Gouverneur.

Les magistrats sont, en Afrique, dans une dépendance qui ne nuit pas peu à la considération et au respect dont le sanctuaire de la justice doit être entouré. En France, ils sont, par leur position, au-dessus des influences du trône ; en Afrique, ils sont dans l'obligation forcée de faire cause commune avec l'administration, sous peine d'être déportés.

Nous citerons ici un exemple de ce que nous avançons.

A trois lieues d'Oran, dans la direction de Mascara, est assis le camp des Figuiers, occupé par nos troupes. Un jour, arrive un huissier portant au commandant une sommation d'avoir à payer une indemnité pour le terrain sur lequel est sis le camp, ou, en cas de refus, de se retirer. Le pauvre huissier sentait bien le ridicule de sa mission, mais il y était obligé ; aussi, se hâta-t-il de reprendre la route d'Oran sans aucune réponse. Le sieur Laujoulais, dont il est à propos de stigmatiser le nom, eut alors recours au Tribunal, devant lequel il eut gain de cause.

Cela devait être. L'acte d'achat du terrain était en règle, il avait reçu la sanction de l'enregistrement ; le fisc satisfait avait atteint son but. Le juge ne put dénier la justice à celui qui la demandait ; il comprenait très-bien l'inconvenance qu'il y avait à condamner le commandant du camp : mais comment faire ? Il pensait qu'appel serait fait au Tribunal supérieur d'Alger, et qu'enfin, en dernier ressort, la Cour de cassation déciderait. Telle devait être la suite de cette affaire.

Tout le monde blâmait le cupide Laujoulais ; car on savait bien qu'il n'agissait ainsi que pour forcer l'État à lui payer une indemnité. M. le maréchal Valée, avec l'approbation universelle, eût pu, en vertu de ses pouvoirs, expulser de l'Afrique un homme qui, méconnaissant ainsi les lois de l'occupation, sans laquelle son terrain ne lui eût jamais appartenu, causait une telle perturbation dans la colonie. Eh bien ! le croira-t-on ? au lieu d'agir d'une manière aussi rationnelle, M. le maréchal Valée, avec son manque de tact ordinaire, préféra donner à l'Algérie le scandale de la déportation à Bone du juge qui siégeait à Oran : il sévit sur un magistrat qui avait fait son devoir. Pareille circonstance peut se présenter à Bone. Que devra faire le juge ? Mentir à sa conscience ou se résigner à un nouvel exil.

Le Ministère est resté impassible devant cet acte. Quand comprendra-t-on qu'il est temps, enfin, de mettre un terme à la gestion désastreuse et aux fantaisies plus que bouffonnes de M. le maréchal Valée ?

La justice doit être à l'abri de pareilles aberrations, ce qui ne sera que lorsque l'Algérie sera déclarée territoire français, et les Tribunaux institués régulièrement.

CHAPITRE VIII.

Travaux des ports. — Lignes de bateaux à vapeur.

Le Gouvernement vient d'envoyer en Algérie un ingénieur, pour examiner si les ports sont susceptibles d'amélioration. Si ce nouvel examen ne devait pas être sans succès, comme tous ceux qui ont été faits jusqu'à ce jour, nous pourrions croire que le Ministère veut enfin s'occuper sérieusement de l'Algérie. Le résultat de la mission de M. Raffenau sera un mémoire plus ou moins étudié, qui ira s'enfouir dans les cartons du Ministère.

Une tournée d'un ingénieur n'est pas le moyen de résoudre la question, on ne doit en espérer aucun résultat : la question des travaux des ports a besoin d'être étudiée par une commission, non-seulement composée d'ingénieurs, mais encore de marins.

Plusieurs officiers de marine s'en sont occupés : mais, malgré leur expérience, on n'a tenu aucun compte de leurs avis ; on a préféré suivre les idées d'un ingénieur qui, à son arrivée à Alger, n'avait aucune expérience des travaux maritimes. Si on continue le projet qu'il poursuit avec trop de zèle, le port d'Alger sera petit et sans importance ; on aura dépensé des sommes énormes pour n'avoir qu'un port marchand.

La jetée, au lieu de se diriger de la pointe du môle sur la Maison-carrée, et de couvrir ainsi une immense étendue de la rade, a été tellement portée du côté du fort Babazoun, que les navires, pour être abrités, seront nécessairement obligés d'entrer dans le port.

Une ligne de rochers sous-marins est, dit-on, le motif qui a fait choisir cette direction. Il nous semble que la première qualité d'un ingénieur doit être l'intelligence de la portée des travaux dont il est chargé, et qu'il ne doit point s'assujettir trop servilement aux facilités que peuvent donner quelques dispositions locales.

M. Poirel n'a vu qu'un port de commerce à construire; il n'a point compris qu'Alger devait, au besoin, donner refuge à une escadre et devenir un centre de force maritime. Cet ingénieur ne nous paraît pas à la hauteur de sa mission. On fait espérer l'adoption d'un projet proposé par un officier de marine, et qui est plus largement conçu que celui de M. Poirel. Nous le désirons, avant que les travaux de ce dernier aient encombré inutilement la rade.

Les projets des travaux des ports doivent être dressés par la marine; les détails d'exécution appartiennent aux ingénieurs, mais c'est aux hommes de mer qu'il convient de s'en rapporter pour la haute direction; ils savent par expérience, quelles sont les conditions exigées d'un port, pour être le meilleur possible. Ainsi, tant que nous ne verrons pas se former une commission d'officiers de marine pris parmi les notabilités savantes de cette arme, on ne peut rien attendre des démonstrations du Gouvernement.

Pourquoi M. Raffenau est-il accompagné d'un capitaine du génie? A quoi pourra-t-il lui être utile? Nous aurions plutôt compris qu'il fût accompagné d'un officier de marine pour désigner l'emplacement des batteries; car nous présumons que la défense des ports par des batteries, n'est pas étrangère au projet d'amélioration annoncé par le Ministère.

Avant de parler des autres points de la côte de l'Algérie, nous ferons la remarque que le port actuel d'Alger manque de quais. Il serait nécessaire, selon nous, de mettre les ateliers de l'artillerie hors de la porte Bab-el-Oued, et de rendre à la marine le local qu'ils occupent. On pourrait alors démolir cette ligne de petits magasins, qui, longeant la partie sud de la route du môle, aboutissent au débarcadère militaire : par cette opération on élargirait le quai de 3 ou 4 mètres.

Reprenons notre examen rapide des ports, en commençant par l'est. — *La Calle*, comme établissement maritime, n'est susceptible d'aucun avenir; les bâtimens à vapeur ne peuvent en approcher que lorsque la mer est calme. Sa *crique*, que l'on ne peut décorer du nom de port, ne reçoit que des bateauxcorailleurs, qui, pendant le gros temps, sont tirés à terre par les pêcheurs : aujourd'hui ces corailleurs ont quitté les parages de La Calle; ils ne peuvent s'accommoder du régime militaire qui y règne.

Il y a quatre ans, on avait confié ce poste à M. Bertier de Sauvigny, aujourd'hui commissaire du Roi à Bouffaric; il le gardait avec 25 Turcs. Par son esprit conciliant et avec une intelligence peu commune des intérêts de la petite population qui y était accourue à sa suite, il avait réussi à donner à ce petit établissement un air de prospérité que ne revêt jamais l'infortune. Les corailleurs, quoique soumis par le fisc à un droit exorbitant, continuaient leur pêche et étaient satisfaits de l'administration de M. Bertier. Les Arabes venaient en foule au marché et l'approvisionnaient abondamment; les relations avec eux étaient pacifiques; M. Bertier allait chez eux sans escorte. Mais cet état ne devait pas durer : on fit occuper La Calle militairement. Les corailleurs, gênés par les entraves que, sous le nom de mesure de sûreté, on apportait à leur liberté, s'éloignèrent, et l'État y perdit 200,000 fr. par an. Les Arabes devinrent défians, on les maltraita; enfin la guerre éclata. On fit des razias, et cette province paisible devint, comme les autres, un foyer de troubles.

M. Bertier est un de ces hommes qui aiment l'Afrique; il s'y est consacré entièrement. Nous avons la certitude que Bouffaric, sous sa gestion, deviendra prospère : il sera certainement apprécié par les vrais colons.

Bone n'est pas un port; chaque hiver il y arrive d'assez nombreux sinistres; et cependant, si on voulait utiliser la rivière Seybouse, qui se jette dans la mer à 1,200 mètres de la ville, on pourrait abriter au moins 200 navires de commerce, d'un tonnage même considérable.

La Seybouse baignait autrefois les murs d'Hippone; on voit encore sur sa rive gauche des fragmens de quais : elle a environ 80 mètres de largeur et 6 à 7 mètres de profondeur. Ces dimensions existent à plus de 2,000 mètres de l'embouchure; mais une barre de sable mouvant en obstrue l'entrée.

En 1835, le brick de l'État, *le Rusé*, fit naufrage à Bone, et coula à fond vis-à-vis l'entrée de la rivière, à environ 800 mètres du rivage. Pendant les deux années qui suivirent, la barre de l'embouchure fut détruite : tous les navires purent y pénétrer. Mais, en 1838, les sables ayant cessé de s'agglomérer autour de la carcasse du brick, la barre s'est reformée et l'entrée est de nouveau obstruée.

Il est à remarquer qu'il ne se trouve devant la Seybouse aucun banc de galet ; la barre se compose de sable mouvant très-délayé, ce qui fait que quelques légers navires peuvent encore la traverser.

On croit qu'un bateau-dragueur suffirait pour détruire cette barre de sable ; nous ne pensons pas que ce moyen suffise, et voici celui que nous a suggéré un examen approfondi des localités.

Si on remonte le courant de la Seybouse, jusqu'à un bouquet de bois appelé la Première Oasis, on remarque que le terrain s'élève insensiblement et que la rivière s'encaisse. A ce point, qui est environ à 3,000 mètres de l'embouchure, l'encaissement est d'environ 4 mètres.

Si donc à partir de cet endroit on élevait sur chaque rive, et jusqu'à l'embouchure, deux terre-pleins servant de digues, et qu'on construisît à l'entrée de la rivière une écluse de chasse, il est évident qu'on pourrait élever le niveau de la Seybouse de 4 mètres, et obtenir à volonté une masse de près de 2 millions de mètres cubes d'eau à lâcher pour nettoyer le chenal et débarrer l'entrée du port.

L'écluse pourrait être à deux portes, afin de donner l'entrée à un navire, sans être obligé d'abaisser le niveau du port à celui de la mer. Ce travail qui paraît giganstesque, pourrait s'exécuter en peu de temps et à moins de frais qu'on ne le pense. Les digues auraient 12 mètres de base et 4 mètres de hauteur, les talus au 3/4 de la hauteur. Prolongées à 3,000 mètres de l'embouchure, elles donneraient un massif total de 108 mille mètres cubes de terres fortement tassées.

En supposant que quatre hommes placent et tassent un mètre cube de terre en un jour, il en faudrait 432 mille pour faire la digue entière en un jour, ou 2,400 en 180 jours ou six mois. En payant les soldats employés à ce travail à raison de 25 centimes par homme et par jour, la main-d'œuvre coûtera environ 60,000 fr., que nous doublons pour ne point être au-dessous des dépenses imprévues. Le travail de l'encaissement de la Seybouse coûtera donc 120,000 fr.

Il y aurait encore à compter les sommes nécessaires pour la construction de l'écluse. Cette dépense, à coup sûr, ne dépassera pas 200,000 fr., qui, joints aux 120,000 fr. mentionnés ci-dessus, donneront un total de 320,000 fr. pour faire un bon port de la Seybouse.

On n'aurait plus à déplorer les sinistres nombreux qui ont lieu chaque année sur la rade foraine de Bone. Des usines pourraient être établies le long des digues de la Seybouse. La ville d'Hippone se relèverait comme par enchantement, et deviendrait le centre du commerce de la province de Constantine et de la régence de Tunis, où les navires ne peuvent facilement arriver. Alors cette province si belle et si fertile se peuplerait rapidement, et deviendrait une source de richesses pour nos établissemens en Afrique.

Jamais, quoi qu'en ait dit M. le maréchal Valée, Stora ne sera un port. Dans l'emplacement mal abrité qui se trouve à une lieue et demie de Philippeville, on peut à peine amarrer huit ou dix navires de commerce. Les montagnes tombent à pic dans la mer, et ne laissent aucun espoir de pouvoir bâtir même quelques magasins près du port.

Stora, il est vrai, n'est qu'à 18 lieues de Constantine; mais, lorsqu'on aura fait la route de Bone au camp de l'Harouch, cette ville ne sera plus qu'à 30 lieues de Constantine. Gigeli, qui n'en est qu'à 22 lieues, annihilera d'ailleurs l'importance de Philippeville, comme port de Constantine. Gigeli est encore plus près de *Milah*, qui grandira par la suite.

Philippeville, sans eaux potables, sans port, n'a aucune chance d'avenir : Stora sera un port comme ceux de Collo, de Delys, Tenez, etc., dont le cabotage seul alimentera le commerce.

Gigeli, deviendra florissant, aussitôt qu'une route menant à Constantine aura ouvert le pays. On allègue les difficultés de construction de cette route; mais, en Europe, les pays de montagnes sont-ils sans routes, et n'est-ce pas le meilleur moyen de les empêcher de devenir des refuges de révoltés?

Une ligne de rescifs sortant de l'eau , et se dirigeant de l'ouest au sud-est, part de la pointe de la presqu'île de Gigeli, et se prolonge de plus de 200 mètres vers la côte. C'est la base d'une jetée à faire, et devant laquelle des vaisseaux à trois ponts pourront venir à quai; il y a suffisamment d'eau pour les recevoir. Le bassin que renfermeront cette jetée et le rivage, sera presque aussi grand que le port de Marseille; peut-être un peu moins long, il sera plus large. Un rocher sur lequel est bâti le fort Duquesne, part du rivage et se dirige vers la pointe de la ligne de rescifs. Prolongé lui-même, il empêchera le ressac dans le port, et formera un des côtés de son entrée.

Malheureusement il n'y a point de rade à Gigeli; celle de Bougie pourrait, à la rigueur, lui en servir; elle n'en est qu'à huit ou dix lieues, qu'on peut franchir en peu d'heures avec un bateau à vapeur.

Néanmoins, outre de nombreux bâtimens de commerce, le port de Gigeli pourra donner asile à 10 ou 12 bâtimens de guerre d'une escadre, dont les plus gros navires iraient dans la rade de Bougie.

Gigeli n'a presque aucune batterie; tout est à faire sous le rapport de la défense qui nous a paru très-facile à organiser, soit du côté de la mer, soit du côté de la terre. La ville actuelle est fort restreinte; mais elle pourra s'étendre sur un vaste espace entouré de collines où sont actuellement les blockhaus.

Des fièvres assez malignes s'y sont déclarées peu de temps après notre occupation; elles sont dues aux remuemens de terre qu'on y a faits en été, malgré toutes les leçons de l'expérience. Les remuemens de terre considérables que les travaux exigeront, doivent avoir lieu surtout en automne, parce que les pluies arrivant bientôt après, lavent les terres et dissolvent tous les principes délétères, que le soleil brûlant de l'été transforme en vapeurs malfaisantes.

Les travaux des routes offriraient moins de danger; car, autant que possible, on les fait passer dans des terrains pierreux et élevés : on pourrait travailler dans les montagnes pendant l'été.

Bougie, comme nous l'avons dit, présente une rade immense ouverte aux vents du nord-est qui règnent rarement. La tenue est si bonne, que l'on est obligé de lever les ancres de temps en temps, afin qu'elles ne s'enfoncent pas de manière à ne plus pouvoir être retirées. *Bougie* sera, comme nous l'avons dit, la rade du port de Gigeli; mais il faudra y faire les travaux de défense suivans : 1° Établir quelques batteries de gros calibre, ainsi qu'une batterie de mortiers de côtes sur la pointe Bouack; 2° construire sur la rive gauche de la rivière Soumam, un fort et des batteries de côtes dont les feux empêcheront l'ennemi de pénétrer au fond de la rade. Ces travaux ne seront pas très-dispendieux; tous les matériaux existent sur les lieux.

Delys ne sera jamais qu'une crique fréquentée par les caboteurs, qui sont obligés de tirer leurs navires à terre, lors d'une tempête.

Cherchel, Tenez, Mostaganem, Arzev, n'offrent guère plus de ressources maritimes que Delys. Il suffira d'y construire des débarcadères pour faciliter le déchargement et le chargement des petits navires, qui seuls peuvent fréquenter ces ports.

Mers-el-Kébir est un des points stratégiques les plus importans de la Méditerranée, et qu'il faut rendre inexpugnable. C'est le vrai gardien de l'entrée de cette mer, et, dans une guerre maritime, la sentinelle avancée qui avertirait les escadres de Toulon, d'Alger et de Mahon, de l'apparition de l'ennemi.

Les lignes de Mers-el-Kébir et Palma (1), Alger, Mahon et Toulon, Gigeli et Ajaccio, seront un triple obstacle à franchir pour tout ennemi qui se présenterait à l'entrée du détroit de Gibraltar, où du côté de l'orient.

Si nous faisons alliance avec la Russie, Malte, Corfou et surtout Candie, devront nous échoir en partage, et augmenteront encore le nombre de nos lignes maritimes. Nous devrons peupler ces îles du plus grand nombre possible de Français, et

(1) Nous ne pouvons séparer les Baléares de notre système maritime; il faut que tôt ou tard elles appartiennent à la France.

les attacher à la France par les liens de nos lois. Aujourd'hui aucun ouvrage de fortification, aucune place n'est expugnable sans le concours des populations; l'héroïque Espagne nous a fait comprendre, de 1808 à 1814, que lorsque les nations prennent les armes, les armées sont impuissantes et deviennent prisonnières dans les forts dont elles s'emparent : c'est ce qui nous arrive en Algérie.

Si on néglige d'occuper d'abord les terrains cernés par les routes retranchées indiquées sur la carte ci-jointe, afin d'y installer de suite un noyau formidable de populations; si on néglige de s'asseoir fortement d'abord sur certains points, nous serons vulnérables partout, et de simples guérillas mettront continuellement en danger nos établissemens.

Après la promulgation de la loi qui prononcera la réunion de l'Algérie à la France, il sera nécessaire de donner à la correspondance plus d'activité. Alger ne devra plus absorber, au détriment des points extrêmes, l'arrivée de tous les courriers de France.

Chacun des trois départemens devra correspondre directement avec Paris. Mais, il faudra modifier la route que suit la correspondance. Pourquoi passe-t-elle par Marseille et Toulon? Nous savons qu'il serait difficile d'installer le départ des paquebots pour l'Algérie à Marseille, dont le port, trop petit, est déjà encombré de navires et où la place est précieuse; mais alors, pourquoi ne pas adopter la route d'Aix à Toulon. Les voyageurs y gagneraient; ils ne seraient plus obligés de séjourner à Marseille et d'augmenter inutilement leurs dépenses. Marseille peut se passer de ce mouvement qui augmentera l'importance de Toulon.

Seize bâtimens à vapeur, que nous désignerons par les seize premières lettres de l'alphabet, seraient destinés *uniquement* à la correspondance et au transport des passagers; leurs départs pourraient être réglés comme l'indique le tableau ci-après :

Chaque point de la côte aura six courriers par mois; Alger en gagnera deux, Bone et Oran quatre. En suivant la marche du bateau A, par exemple, on voit que, parti le premier du mois pour Alger, il est de retour à Toulon le neuvième jour pour ne repartir que le 21 du même mois, c'est-à-dire, cinq jours après avoir fini sa quarantaine. Lorsque, par la suite, les quarantaines seront supprimées, on pourra retrancher quatre bateaux de ce service ; car le bateau A pourrait repartir le 16 au lieu du 21.

TABLEAU *des jours de départ de la correspondance de France pour l'Algérie.*

TOULON. — ALGER.				TOULON. — BONE.				TOULON. — ORAN.			
DÉPART de Toulon.	ARRIVÉE à Alger.	DÉPART d'Alger.	RETOUR à Toulon.	DÉPART de Toulon.	ARRIVÉE à Bone.	DÉPART de Bone.	RETOUR à Toulon.	DÉPART de Toulon.	ARRIVÉE à Oran.	DÉPART d'Oran.	RETOUR à Toulon.
Jours du mois.	Jours du mois.	Jours du mois.	Jours du mois.	Jours du mois.	Jours du mois.	Jours du mois.	Jours du mois.	Jours du mois.	Jours du mois.	Jours du mois.	Jours du mois.
A. 1	4	6	9	B. 1	4	6	9	C. 1	4	6	9
D. 6	9	11	14	E. 6	9	11	14	F. 6	9	11	14
G. 11	14	16	19	H. 11	14	16	19	I. 11	14	16	19
K. 16	19	21	24	L. 16.	19	21	24	M. 16	19	21	24
A. 21	24	26	29	B. 21	24	26	29	C. 21	24	26	29
D. 26	29	30-31	3	E. 26	29	30-31	3	F. 26	29	30-31	3

De ces seize bateaux à vapeur, douze seront employés à la correspondance de France à Alger, Bone et Oran ; *deux* continueront à faire la correspondance latérale d'Afrique en poussant jusqu'à Tunis, elle n'aura lieu qu'une fois tous les vingt jours ; enfin, deux bateaux de supplément seront destinés à remplacer les bateaux qui auront besoin d'être réparés.

Si l'emplacement des ateliers de l'artillerie, situés actuellement sur le port d'Alger, est remis à la direction de la Marine, on pourra y installer un atelier de réparation des bateaux à vapeur; ils ne seront plus obligés d'aller à Toulon, que pour les avaries majeures.

Les bateaux de la correspondance devront être installés à l'instar de ceux de la correspondance du Levant, qui, au moyen de légers changemens, peuvent être armés en guerre dans un danger pressant. Les départs des bateaux devront être hors de la dépendance des autorités Algériennes.

C'est ici le lieu de placer un mot sur les avantages immenses qui résulteront, pour l'Algérie, de la mise en franchise de tous les ports.

C'est un moyen énergique d'attirer les populations dont l'augmentation constitue le seul véritable accroissement de force pour le pays, car elles y feront des installations.

Il faut ici voir les choses avec d'autres yeux que ceux du fisc; il faut renoncer à quelques centaines de mille francs que récolte la douane; ces misérables sommes n'augmentent pas la richesse de la France, et leur perception arrête invinciblement le développement de force et de richesse en Algérie.

Cette question, déjà résolue en théorie par les bons esprits, attend sa solution réelle de l'intelligence gouvernementale. On ne saurait trop y compter; nos gens de finances ont peu l'instinct de la prospérité des États.

CHAPITRE IX.

Des servitudes militaires. — Organisation des troupes d'Afrique.

Afin qu'on puisse bien apprécier tout le désavantage qu'il y a pour nos établissemens en Afrique, à multiplier les fortifications européennes et par conséquent *les servitudes militaires*, il est nécessaire de faire connaître la manière dont les Arabes s'y prennent pour se glisser inaperçus pendant la nuit, parmi nous, dans nos camps et même dans nos colonnes.

En 1832 ou 1833, un bataillon de zouaves, sous les ordres de M. le commandant Duvivier, était bivouaqué en avant de Birkadem, dans un lieu dit *Camp-des-Figuiers*. La surveillance n'était pas en défaut sous un tel chef; néanmoins un soir, à la nuit tombée, des Arabes s'avancèrent vers le camp; après s'être déshabillés complétement, ils s'approchèrent silencieusement en rampant du front de bandière où étaient les faisceaux d'armes; ils avaient fait si peu de bruit, que les chiens arabes du camp n'en furent pas même éveillés.

Ce ne fut qu'au moment où, après avoir chargé brusquement des faisceaux entiers sur leurs épaules, ils s'enfuyaient, que les chiens donnèrent l'éveil et se mirent à leur poursuite. On suivit leurs traces, et les voleurs, qui n'avaient pas compté sur la vigilance des chiens, se virent obligés, pour alléger leur fuite, de jeter dans les broussailles les armes qu'ils avaient enlevées. Un d'eux fut pris et tué sur-le-champ. On retrouva les armes.

Le Commandant ordonna qu'un pieu fût planté à 25 pas du camp sur le bord du chemin de Birkadem, très-fréquenté par les Arabes; que le cadavre du voleur et sa tête fussent attachés à ce pieu, auquel fut mise une inscription qui faisait connaître ces détails aux passans.

Lors de la dernière expédition de Constantine, une sentinelle du bivouac de Méhéris eut le genou fracassé d'un coup de feu par un Arabe, qui, pendant la nuit, s'était approché presqu'à bout touchant ; à Philippeville, des Kabaïles ont été surpris et tués dans l'enceinte du camp ; à Bone, les vols de chevaux les plus audacieux ont eu lieu dans les écuries même de la cavalerie ; et, enfin, l'incendie a éclaté plusieurs fois à Douera, à Bouffaric, dans les habitations des colons hors de l'enceinte militaire.

Cependant, malgré tout cela, la zone de défense est impitoyablement tracée autour de tous les camps ; les établissemens civils sont obligés de s'installer à 12 ou 1,500 mètres des parapets : on ne tolère, dans cette zone, que des baraques en feuillage ou en planches.

Il nous semble ici que M. Blanqui affirme un peu légèrement, page 72 de son rapport, « que la culture, qui aurait dû ne s'avancer qu'à la suite de nos armes, a, au contraire, obligé l'armée à courir après les colons. » Le système de Constantine, appliqué à Bélida et Coéiah, dément cette assertion.

Si, au lieu d'établir les grands et inutiles camps du Fondouk, de Kara-Mustapha, etc., on se fût contenté de construire de simples maisons carrées, pour y recevoir cent ou deux cents hommes, et qu'on fût entré en arrangement avec les propriétaires des vastes haouch de la plaine de la Mitidja, pour y loger des postes de 20 à 50 hommes qui auraient en même temps protégé les colons, on eût trouvé de grands avantages : d'abord, d'avoir procuré aux soldats un casernement, au lieu d'un bivouac, et d'avoir préservé des établissemens auxquels l'autorité militaire avait dédaigné d'accorder des armes et des munitions, et qui cependant ont résisté avec de mauvais fusils, aussi long-temps qu'ils ont eu des cartouches mendiées aux soldats.

Si l'autorité militaire supérieure n'a rien fait pour le bien-être des troupes, elle a été également fatale aux colons. Dans les villes nouvellement conquises, on s'est emparé d'un certain nombre d'immeubles pour le casernement. C'était juste d'abord, car il fallait que l'armée fût logée ; mais, une fois installée, ce système devait se modifier. La plupart de ces immeubles sont devenus la propriété d'Européens. Par cette raison, le génie n'a pas voulu y faire assez de réparations pour rendre les logemens habitables ; les maisons tombent en ruine faute de ces réparations. Souvent une vaste maison ne contient qu'une chambre passable ; ainsi, un vaste emplacement est perdu. Les propriétaires ont bien des fois offert de restaurer leurs maisons à leurs frais, à la condition qu'on leur laissât la jouissance des portions inoccupées. On les a long-temps repoussés.

Depuis peu de temps seulement, à Bone, le chef du génie, M. le commandant d'Autheville, dont l'esprit conciliant s'est acquis l'estime et l'affection de tout le monde, a pris sur lui de ne point imiter ses prédécesseurs, et a accordé aux colons la liberté de rebâtir leurs maisons grevées de l'impôt de casernement, à la seule condition de réserver pour les besoins du service le nombre de logemens pour lesquels elles sont taxées. Tout le monde y a gagné : les colons, qui ont eu la jouissance des parties inoccupées de leurs immeubles; le trésor, qui n'a plus été dans l'obligation de supporter des réparations dispendieuses, et enfin les officiers, qui ont cessé d'être logés dans des cloaques. Cet exemple de M. d'Autheville n'est pas suivi partout.

Néanmoins, les officiers sont encore peu favorisés; obligés de tout acheter pour meubler ces chambres, lorsqu'ils ont fait des dépenses assez considérables, un ordre les fait partir brusquement et les met dans la nécessité de vendre à vil prix, pour racheter de nouveau peu de temps après.

On devrait, pour les dédommager, leur accorder à tous l'indemnité de logement de Paris. Cela créerait, en Afrique, l'industrie des chambres garnies, et servirait de supplément de solde.

M. le général Rogniat, dès la page 6 de sa brochure sur l'Algérie, se plaint de la prolongation de l'erreur qui nous fait opposer aux Arabes nos fortifications européennes. Mais est-il fondé à faire ce reproche? N'est-ce pas, sous l'inspiration du comité du génie, que les travaux militaires s'exécutent en Afrique? N'est-ce pas ce comité qui avait ordonné la construction, à Medjez-Ammar, d'un fort pour 1,200 hommes, tandis que le chef de l'armée n'avait l'intention que d'y laisser 200 hommes dans une maison crénelée?

Si M. le général Rogniat, président d'un comité qui dirige le système de défense en Afrique, convient lui-même que l'on est dans l'erreur, espérons qu'il aura la volonté, puisqu'il en a le pouvoir, de la faire cesser : l'arme du génie a rendu de grands services en Afrique ; cependant elle eût pu mieux faire. Quelques mots feront comprendre notre idée.

Partout on aperçoit des commencemens de travaux, et presque nulle part on n'en voit d'achevés ; partout on en recommence d'autres, sans se préoccuper de terminer ceux qui sont en œuvre. Pourquoi n'achèverait-on pas une caserne, un hôpital, avant de passer outre ? On pourrait jouir de ce qui est fait, tandis que l'on ne peut tirer aucun parti de ce qui reste inachevé. Plusieurs constructions sont devenues des ruines avant d'avoir servi ; d'autres n'ont pas toute la solidité désirable (1) ; quelques-unes aussi sont d'une complète inutilité, tel que le pont-levis de la porte de Mer, à Bone.

Tous les auteurs qui ont écrit sur l'Algérie commettent la grave erreur de croire que de grands rassemblemens de troupes sont nécessaires. La stratégie, nous le répéterons à satiété, est sans application en Afrique. Il n'y a pas une armée arabe qui puisse résister à une poursuite vigoureuse, faite par une colonne mobile de 600 cavaliers français. Nous avons constamment vu des masses de cavaliers arabes, fuir et se disperser devant une charge d'un simple escadron. Que serait donc pour eux la poursuite, pendant plusieurs jours, d'un ouragan pareil à une colonne de 600 chevaux ?

Ces colonnes mobiles doivent être habituellement stationnées dans des villes où il y a des casernes, afin qu'elles puissent trouver un repos réel après leurs courses fréquentes.

Nos grands camps sont sans effet en Afrique, et l'observance stricte des servitudes prescrites par le génie militaire dont les règles sont immuables, même en présence des circonstances les plus étrangères aux choses d'Europe, en augmente encore l'inutilité.

L'Afrique ne doit être couverte que de maisons crénelées, ou blockhaus en pierres, plus ou moins vastes, selon leur des-

(1) Des planchers de casernes, à Bone, se sont enfoncés sous le poids d'une couche de blé de moins d'un mètre de haut.

tination. Les troupes employées en Afrique, doivent être organisées et équipées autrement que celles de la France.

En 1832 ou 1833, nous avons adressé au Ministre de la guerre un mémoire tendant à provoquer la formation pour l'Afrique, de compagnies de chasseurs, armés de longues carabines rayées, à l'instar des compagnies de carabiniers tyroliens ou suisses. Ce mémoire est resté sans réponse; mais nous avons la satisfaction de voir que la même idée, légèrement modifiée, a été mise à exécution par M. le général d'Houdetot, qui a organisé les tirailleurs de Vincennes. Nous ne revendiquons point la priorité de l'idée; nous sommes trop satisfait de voir le fait accompli.

On devra licencier toutes les troupes indigènes qui ne seront pas organisées comme les spahis de Bone. M. le général d'Uzer eut l'heureuse idée de former des escadrons avec des tribus de la plaine : le 1er escadron était la tribu des Kharésas, le 2me celle des Beni-Urdjin. Les hommes demeuraient dans leurs douars (villages de tentes), avaient leurs familles et leurs troupeaux, et n'étaient point astreints à se vêtir d'un uniforme : on n'exigeait point d'eux un service de place. On a obtenu de cette organisation d'excellens résultats. Deux spahis allaient porter à 20 lieues des lettres, qui auraient exigé l'escorte d'un bataillon français ; ils tenaient l'autorité militaire, à Bone, au courant de tout ce qui se passait dans le pays : c'est à ces utiles renseignemens que M. le général d'Uzer a dû l'opportunité et la vigueur de plusieurs petites expéditions qui ont eu les meilleurs résultats. Tous les cinq jours les spahis venaient en ville toucher leur solde ; là on s'assurait de la qualité de leur équipement et de leurs montures : ceux qui étaient mal organisés étaient rayés des contrôles. Enfin ces spahis, propriétaires de nombreux troupeaux, nous fournissent des bestiaux et sont devenus riches; ils ont été et sont encore fidèles. Il n'y a pas eu de désertion parmi eux ; ils se sont habitués à nous et nous aiment : ils trouvent dans la régularité de leur solde un grand stimulant à nous bien servir.

A Alger on n'a point imité cette sagesse de M. le général d'Uzer. On a rassemblé un ramassis de gens sans aveu, sans garanties ; on en a formé deux escadrons sous les ordres d'un capitaine d'artillerie, qui s'est fait nommer chef d'escadron. Plus tard, ces deux escadrons ont été portés à quatre, et leur chef a été nommé lieutenant-colonel; enfin on les a multipliés jusqu'à six, pour faire de cet officier un colonel. Les spahis d'Alger n'ont jamais rendu de services : composés de la lie des Arabes, ils désertaient en masse avec armes et bagages. On a voulu en faire un régiment régulier ; l'expérience a prouvé que cela n'était pas possible. On vient enfin de les dissoudre ; c'est ce qu'il y avait de mieux à faire : c'est une économie de plus d'un million par an. Les excellens officiers qui les commandaient, ont formé le cadre du 4me régiment de chasseurs.

Nous désapprouvons complétement le passage continuel des régimens d'infanterie d'une province à l'autre. C'est la suite inévitable du décousu des opérations d'un chef inhabile, qui, ne sachant rien prévoir, se met dans la nécessité de dégarnir une province pour faire face aux embarras qu'ils se crée dans d'autres.

Ces mutations continuelles sont ruineuses pour l'État, et pour les officiers auxquels la commission d'Afrique de 1833 a fait enlever le supplément de solde, qu'on avait jugé indispensable dans un pays où tout est à un prix exorbitant. Cette lésinerie exercée aux dépens d'une armée soumise à des privations et à des souffrances dont on ne se fait pas d'idée en France, lui a prouvé qu'elle n'a aucun appui à espérer de ses chefs. Aucun d'eux n'a trouvé une parole pour protester contre une mesure qui ne les a pas touchés, si ce n'est M. le général Bugeaud, qui seul a eu le courage de faire connaître à la France les misères de nos troupes en Afrique et de réclamer de nouveau cette indemnité; mais sa voix a été étouffée, et M. Dupin a prétendu que les officiers recevant d'excellentes rations, n'en avaient pas besoin. Sans lui en vouloir d'une opinion cruelle, exprimée aussi légèrement, nous ne lui souhaitons d'autre punition que la jouissance pour lui-même pendant un an, dans le meilleur camp de l'Algérie, de ces excellentes rations.

L'armée a besoin d'être entièrement organisée, pour le service du pays, en bataillons spéciaux d'Afrique. L'habillement et l'armement des chasseurs de Vincennes conviendraient pour tous ; l'augmentation annuelle de solde accordée aux officiers des zéphirs (c'est le mot consacré pour l'infanterie légère d'Afrique) et aux officiers de zouaves, doit être allouée à tous les officiers qui se consacreront à l'Algérie pour de longues années. Les corps devront stationner long-temps dans les mêmes localités ; c'est le moyen le plus sûr d'en faire acquérir aux officiers la connaissance parfaite, de les mettre à même de résister avec avantage aux Arabes, et de prévenir leurs projets. Il ne faut en Afrique que des gens de bonne volonté, qui, sachant qu'ils ont contracté un long bail, ne soient pas tourmentés du désir de revoir la France, autrement que par des congés, tous les deux ou trois ans. Il y a trop de généraux ; on n'en a pas besoin pour des combats de lieutenans et sous-lieutenans. Il ne faut y conserver que ceux qui, connaissant bien le pays, l'aiment et ont de l'espoir en son avenir. On doit surtout en prohiber l'entrée aux coureurs de grades et de décorations.

L'ouvrage de M. le colonel Girot contient d'excellentes choses sur l'organisation à donner à l'armée d'Afrique.

CHAPITRE X.

Des Arabes. — De ce qu'ils deviendront au dedans et au dehors de nos lignes.

Les auteurs qui ont écrit sur les Arabes, ont été plus ou moins heureux dans leurs descriptions. Souvent ils se sont contentés de les juger sur l'apparence, sans approfondir leur situation sociale. Tous ont cru reconnaître en eux une nationalité.

Si les Arabes ont à peu près les mêmes mœurs et les mêmes usages, c'est qu'ils sont très-près de l'état primitif. En Europe, les Français, les Anglais, les Allemands, les Italiens et les Espagnols diffèrent entre eux, non-seulement par leur langage, mais par le reflet que leurs institutions jettent sur leurs mœurs et leurs usages. Tous les Arabes sont à peu près les mêmes, soit qu'ils habitent le Maroc, soit qu'ils habitent l'Égypte ou l'Arabie. Ils diffèrent peu des peuplades de l'Asie; ils sont les mêmes, par la raison que tous les lions et les tigres des divers pays sont semblables.

Plus les peuples se rapprochent de l'état primitif, plus il est difficile de les différencier ; mais il ne faut pas croire que, pour cela, ils aient une nationalité, ni qu'ils soient réunis par des intérêts sociaux ou politiques. Chaque famille vit, pour ainsi dire, à part. Ils sont, au XIXe siècle, l'histoire vivante de la Bible, sauf l'adoption des armes à feu.

Abraham quittant le pays d'Ur pour aller dans le pays de Canaan, « se transporta vers la montagne qui est à l'orient de » Bethel, *et y tendit ses tentes*, ayant Bethel à l'occident et Haï » à l'orient (*Genèse ;* chap. XII, v. 8). »

Revenant d'Égypte où il s'était retiré pendant la famine qui désola le pays de Canaan, il cheminait avec Lot son neveu, qui avait aussi des brebis, des bœufs et des tentes (*Genèse ;* chap. XIII, v. 5 et suiv.), « et la terre ne les pouvait porter » pour demeurer ensemble, car leur biens étaient si grands » qu'ils ne pouvaient demeurer l'un avec l'autre.

» De sorte qu'il y eut querelle entre les pasteurs du bétail » d'Abraham et les pasteurs du bétail de Lot.

» Et Abraham dit à Lot : Je te prie qu'il n'y ait point de dis» putes entre moi et toi, ni entre mes pasteurs et les tiens; car » nous sommes frères.

» Tout le pays n'est-il pas à ta disposition? Sépare-toi, je te » prie, d'avec moi. Si tu choisis la gauche, je prendrai la » droite, et si tu prends la droite, je m'en irai à la gauche.

» Et Lot, élevant ses yeux, vit toute la plaine du Jourdain » qui, avant que l'Éternel eût détruit Sodome et Gomorrhe, » était arrosée partout.

» Et Lot choisit pour lui toute la plaine du Jourdain et alla » du côté d'orient ; ainsi il se séparèrent l'un de l'autre.

» Et Abraham demeura au pays de Canaan, et Lot dressa ses » tentes jusqu'à Sodome. »

Telle est encore l'histoire des Arabes : lorsqu'une famille est trop nombreuse, elle se divise, chacun de ses fragmens prend le nom du nouveau chef de famille ; de là, la formation des tribus qui, presque toutes, portent des noms signifiant les enfans (*ouled*) d'un tel, les fils (*beni*) d'un tel ; exemple : les *Ouled-Ali*, les *Ouled-Braham*, etc. ; les *Beni-Moussa*, les *Beni-Salah*, etc.

Chaque tribu se compose donc d'un certain nombre de familles descendant du même père, demeurant sous la tente et possédant un grand nombre de troupeaux. Dans le principe, l'autorité paternelle était dans toute sa force et jamais méconnue; à sa mort, elle passait au plus âgé de ses fils, et cette autorité se conservait dans la descendance masculine du premier-né, tant qu'elle était la plus riche et la plus forte. Du reste, aucune loi ne pesait sur ces peuplades ; des coutumes seulement régissaient la famille ainsi constituée. L'autorité du scheik (*ancien*) n'est point celle d'un despote, elle ne consiste que dans l'ascendant qu'il a sur les familles qui composent la tribu ou le douar ; il n'est point le juge des actions des hommes qui vivent autour de lui, il n'a pas même le droit de les punir.

L'islamisme n'a point changé ces mœurs ; la religion du koran ne s'est conservée que dans les villes où il y a des tolba (lettrés) ou des ulémas. Dans les campagnes les croyances ne sont qu'un tissu de superstitions grossières qu'augmentent encore les innombrables marabouts qui errent dans les tribus ; prophétisant toujours en termes ambigus, ils inspirent une foi aveugle.

L'existence de ces marabouts nous offre encore un point de ressemblance entre les Arabes et les peuples bibliques ; en effet, ne remplacent-ils pas la multitude de prophètes et de devins dont l'Écriture parle à chaque page ?

Malgré nos recherches, nous n'avons pu découvrir aucune trace de lien social entre les diverses tribus. Elles forment toutes des agglomérations à part et indépendantes les unes des autres. Rien n'oblige un scheik à déférer aux volontés d'un autre, on ne connaît aucune hiérarchie parmi les Arabes et cependant ils ont des habitudes aristocratiques ; ils conservent fidèlement les traditions de familles et connaissent la filiation de tous ceux qui portent des noms connus dans le pays.

Tous les titres de caïds, de kalifas, sont l'expression d'emplois conférés par les deys ou les beys ; on ne trouve des personnages qui en soient revêtus, que dans les tribus voisines des centres de la puissance turque; dans les tribus éloignées il n'était pas possible de les maintenir.

Le mot de caïd trouve son équivalent dans celui de *commissaire du Roi* : les caïds étaient effectivement des commissaires chargés par les Turcs de gouverner en leur nom plusieurs tribus.

Il n'existe dans les tribus aucune autorité pour la punition des crimes commis dans les familles. Pendant notre séjour à Bone, un spahis (1) soupçonnant sa femme d'infidélité, ou peut-être en ayant eu des preuves, la tua d'un coup de fusil. Cet homme se croyait dans son droit, et la tribu fut fort surprise d'apprendre que l'autorité française voulait connaître de ce crime, dont l'auteur fut traduit devant un conseil de guerre.

Si un meurtre est commis, la famille du mort a le droit de réclamer le prix du sang, à défaut de quoi elle se croit autorisée à mettre à mort le meurtrier.

Si le meurtre est commis d'une tribu à une autre, le prix du sang, fixé par les scheiks, est également payé, à défaut de quoi le meurtrier est obligé de s'enfuir. Les notables de la tribu du meurtrier l'obligent à satisfaire à la coutume, pour éviter des collisions entre les tribus entières. Les différends pour cause de meurtre s'arrangent facilement, mais il n'en est pas de même de ceux provenant de vols de troupeaux; ils occasionnent des guerres, des razzias (*ghazia*, pillage). La possession d'un puits, d'une source, occasionne également des combats.

Les ghazias rappellent encore les temps bibliques. La première expédition de ce genre dont l'Écriture fasse mention, remonte au temps d'Abraham. Des rois (scheiks) voisins de la vallée du Jourdain vinrent attaquer les rois (scheiks) de Sodome, de Gomorrhe, d'Adma, de Tséboïm et de Bélah,

(1) A Bone, les escadrons de spahis sont tout simplement des tribus de la plaine enrôlées, comme nous l'avons dit au chapitre précédent.

s'emparèrent de leurs richesses et emmenèrent prisonnier Lot, neveu d'Abraham (*Genèse ;* chap. XIV , v. 13).

« Et quelqu'un qui était échappé en vint avertir Abraham , » hébreu , qui demeurait dans les plaines de Mamré, amor» rhéen, frère d'Escol et frère de Haner, qui avaient fait alliance » avec Abraham.

» Quand donc Abraham eut appris que son frère avait été » emmené prisonnier , il arma trois cent dix-huit de ses servi» teurs , nés dans sa maison , et il poursuivit ces rois (scheiks) » jusqu'à Dan.

» Et ayant partagé ses troupes , il se jeta sur eux de nuit , » lui et ses serviteurs, et les battit et les poursuivit jusqu'à » Hobar , qui est à la gauche de Damas.

» Et il ramena tout le bien qu'ils avaient pris; il ramena aussi Lot, son neveu , ses biens, les femmes et le peuple. »

Un différend s'étant élevé entre Abraham et Abimelec au sujet d'un puits d'eau, l'Écriture s'exprime de la manière suivante (*Genèse ;* chap. XXI , v. 25) : « Mais Abraham se plai» gnit à Abimelec au sujet d'un puits d'eau, dont les serviteurs » d'Abimelec s'étaient emparés par violence.

» Et Abimelec dit : Je n'ai pas su qui a fait cela , et aussi » tu ne m'en as point averti, et je n'en ai point encore ouï parler » jusqu'à ce jour.

» Alors Abraham prit des brebis et des bœufs et les donna » à Abimelec , et ils firent alliance ensemble.

» Et Abraham mit à part sept jeunes brebis de son troupeau.

» Et Abimelec dit à Abraham : Que veulent dire ces sept » jeunes brebis que tu as mises à part?

» Et il répondit : C'est que tu prendras ces sept jeunes brebis » de ma main, pour me servir de témoignage que j'ai creusé » ce puits de ma main.

» C'est pourquoi on appela ce lieu *Beer-Seba* (Puits-des» Sept).

» Et Abraham planta un bois de chêne en *Beer-Seba.* »

Ces mots hébreux, *Beer-Seba*, sont arabes aujourd'hui; ils signifient également le Puits-des-Sept; et, de nos jours , les puits, en Afrique, sont entourés d'une plantation d'arbres.

On pourrait faire des volumes de comparaisons aussi palpables entre les Arabes et les peuples bibliques ; ces exemples suffiront pour faire comprendre les indigènes de l'Algérie à ceux qui les jugent autrement que par la lecture des livres de l'Ancien Testament.

Les tribus sont des centres à part, vivant indépendans les uns des autres, sans code, sans lois, régis seulement par des traditions. Dès-lors, on comprendra aisément l'impossibilité de créer une nationalité. La rivalité seule des Arabes et des Kabyles y apporterait un obstacle éternel.

Tripoli, Tunis, Alger et le Maroc ne diffèrent en rien. C'est en vain que le pouvoir est héréditaire dans plusieurs de ces États ; les Marocains et les Tunisiens sont aussi indépendans de leurs chefs que les Arabes de l'Algérie. Le bey de Tunis et le sultan de Maroc sont plus impuissans à empêcher leurs sujets de nous faire la guerre, qu'à nous la déclarer. Les Arabes obéissent plus volontiers à une provocation qu'à une défense. Les traités avec eux sont illusoires, pour ne pas dire impossibles.

Lorsqu'un personnage a su se faire un parti armé de 3 ou 400 cavaliers, il parcourt le pays en rançonnant au profit de sa troupe toutes les petites tribus qui ne peuvent opposer une résistance égale ; plus tard, sa troupe se grossit de tous les vagabonds et les voleurs du pays, et quand, comme l'a fait Abd-el-Kader, il a pu réunir 3 à 4 mille hommes, il est le maître du pays, c'est-à-dire, que partout où il se présente, on lui paie à peu près ce qu'il demande, sous peine d'être pillé et mis à mort. Il ne règne que par le sabre sur les tribus pour lesquelles il est un fléau. La dernière chose à laquelle un conquérant arabe songe, c'est de donner aux peuples, même quelque apparence d'institutions ; il les laisse livrés à leurs coutumes, et préfère les voir divisés, parce qu'il les domine plus facilement. C'est ainsi que gouvernaient les Turcs.

Si un jour il cessait de parcourir le pays pour rançonner les tribus, et qu'il attendît qu'on lui apportât volontairement l'impôt, il ne verrait arriver personne.

Peut-être objectera-t-on que, par l'organisation qu'il a donnée aux Arabes, Abd-el-Kader a pu les rassembler au nombre de 10 à 12 mille cavaliers pour nous attaquer.

Nous ne nous attacherons plus à réfuter les rapports et bulletins. Partout on croit voir de 8 à 10 mille cavaliers, où il n'y en a réellement que 12 à 1,500 au plus. Avec eux viennent des nuées de pillards, amenant des mulets pour charger le butin qu'ils pensent trouver. Nous avons pu nous assurer de cela dans les courses que faisait à Bone M. le général d'Uzer, pour châtier quelques tribus. Lors du départ, il n'y avait que les Français et les spahis; mais à peine avions-nous fait quelques lieues, que notre nombre était plus que doublé par l'arrivée de tous les ennemis de la tribu qu'on allait *houspiller;* ils venaient avec de grands sacs en laine vides, et des paniers de palmier également vides, pour charger le butin; et c'était réellement cette espèce d'auxiliaires qui faisait éprouver à la tribu qu'on voulait punir, les plus grands dommages. Après avoir rempli de grains leurs sacs et paniers, et pris chacun quelques bestiaux qu'ils ont l'art de conduire avec une rapidité incroyable, ils disparaissaient pour mettre leur butin en lieu de sûreté, et au retour, la colonne française n'était pas plus nombreuse qu'au départ.

La première expédition de ce genre que nous vîmes eut lieu à Bone, en octobre 1835. M. le général d'Uzer donna des ordres pour que deux escadrons de chasseurs, deux escadrons de spahis et 100 voltigeurs qu'on monta sur des mules, fussent prêts à partir à 8 heures du soir. La colonne s'ébranla à dix heures, et marcha toute la nuit : au départ, nous formions un petit corps d'environ 500 hommes. Quelle ne fut pas notre surprise au point du jour, de nous voir escortés de 5 ou 600 individus sur des mules, des ânes, etc., la plupart sans armes, mais munis de sacs et de paniers?

Les Français étaient les seuls qui fussent dans l'ignorance de ce qu'on allait faire; les Arabes des tribus environnantes l'avaient su, on ne sait comment, presque aussitôt les ordres donnés. Enfin nous arrivâmes chez les Beni-Salah, à 10 ou 12 lieues de Bone, deux heures après le jour. L'artillerie que nous avions emmenée nous empêcha, par les retards qu'elle mit à passer quelques défilés, de surprendre la tribu au point du jour, et une heure lui suffit pour lever le camp et se retirer dans la montagne, mais cependant pas assez tôt pour que les spahis et les chasseurs ne pussent en atteindre une bonne partie. Quelques misérables furent tués ; les autres, ramenés, implorèrent la pitié du général qui leur pardonna ; néanmoins, 3,000 bœufs leur furent enlevés. Quelques jours après ils vinrent les réclamer, mais on fut dans l'impossibilité de les rendre. Les spahis qui en avaient pris une centaine purent seuls le faire ; le reste avait disparu par les soins de la nuée de pillards qui nous avait accompagnés.

Il est à remarquer que, malgré le secret qu'avait gardé le général d'Uzer, les Arabes ont su où il allait et ce qu'il voulait faire. Il en est de même à Alger. Quelque mystère que mettent les chefs de l'armée à cacher leurs projets, ils sont sus des Arabes, bien avant que les Français s'en doutent. Nous ne pourrions citer que la destruction de la tribu d'El-Ouffia, sous M. le duc de Rovigo, qui fut une surprise pour les indigènes. Ils savent tout ce qui se passe chez nous, et nous ne savons rien de leurs affaires.

Nous avons dit qu'on pouvait penser en France, que les divers soulèvemens qui s'opèrent de toutes parts dans les provinces d'Oran et d'Alger, sont dus à l'organisation que l'émir a donnée aux Arabes : il n'en est rien. En voici l'explication : Abd-el-kader, a sous ses ordres 3 à 4,000 hommes toujours prêts à combattre, au moyen desquels il contraint toutes les tribus à nous attaquer ; elles sont obligées de le faire, sous peine d'être ravagées et presque anéanties : elles obéissent à la nécessité.

Après la conquête de l'Algérie, les tribus les plus voisines de nos camps avaient, dans le principe, fait leur soumission, pensant qu'elles pourraient vivre tranquilles sous notre protection ; mais toujours cette protection leur a manqué. Exposées, à cause de leurs relations avec nous, aux incursions de leurs ennemis, c'est en vain qu'elles venaient nous avertir qu'un grand danger les menaçait. On se contentait souvent de leur promettre du secours ; et, lorsqu'on effectuait cette promesse, on faisait partir une petite colonne d'infanterie, qui ordinairement arrivait quand il n'était plus temps. S'il nous arrivait de saisir l'à-propos pour châtier une tribu rebelle, aussitôt les scheiks venaient faire une apparente soumission.

et notre caractère pacifique nous empêchait de massacrer impitoyablement des gens sans défense, mais sans foi.

Les Arabes ont, depuis dix ans, l'expérience que notre protection est nulle, et que leur soumission les expose plutôt qu'elle ne leur est utile. Ils nous l'ont souvent exprimé naïvement, en disant qu'ils étaient obligés de faire cause commune *avec le plus fort.* Ils éprouvent en outre une grande répugnance à faire alliance avec nous, parce que le *Bureau arabe d'Alger* se croit dans l'obligation de destituer les anciens scheiks et de les remplacer par des scheiks de sa façon, ou de renouveler en leur faveur l'institution des caïds. Ordinairement ces scheiks ou ces caïds du Bureau arabe sont des intrigans qui nous font de belles promesses, et qui profitent de leur mission pour gagner le plus d'argent possible, en rançonnant les Arabes *en notre nom.* Quelquefois même il est arrivé, *au Bureau arabe,* d'investir de ces fonctions des français grotesquement affublés du costume arabe, complétement ignorans des mœurs et usages du pays, se croyant des beys au petit pied, et faisant de l'autorité en administrant, à tort et à travers, force coups de bâton.

Telle a été notre conduite envers les indigènes; toujours sans la moindre intelligence, et surtout entachée de faiblesse ou d'incertitude, ce que les Arabes ne comprennent pas.

M. le général d'Uzer avait compris que l'avenir de la colonie était dans l'agriculture. Il en avait donné l'exemple en formant une ferme. Il laissait les tribus en paix, autant que possible, se contentant de les attirer à Bone par de bons traitemens. Il eût complétement réussi, s'il ne se fût pas confié trop aveuglément à quelques intrigans qui, en son nom et probablement à son insu, ont commis de nombreuses et criantes iniquités.

Résumons-nous sur les Arabes. Ainsi que nous l'avons prouvé dans notre premier ouvrage, leur population ne dépasse pas 500 mille individus pour 10,000 lieues carrées de territoire; ils ont en tout 30,000 combattans, tous disséminés en tirailleurs. Généralement pauvres, ils ne paient l'impôt que lorsqu'on vient le recueillir les armes à la main.

Cette manière d'agir n'est pas à notre usage; car nous ne pourrions, sans des dépenses exorbitantes, percevoir ces maigres sommes, dont la majeure partie est détournée par les kalifas et les caïds.

Que signifient, d'ailleurs, des fonctionnaires arabes qui n'osent pas siéger dans les districts qu'ils doivent gouverner, et qui ne peuvent y aller qu'escortés par des colonnes de 1,000 à 1,200 Français?

M. Blanqui dit, avec admiration, qu'il *a traversé la province de Constantine avec une escorte de huit hommes*. Il faut vraiment qu'il soit possédé de la monomanie de l'admiration. Voici l'explication exacte de sa phrase. M. Blanqui est venu de Constantine à Philippeville avec huit hommes; 18 lieues de poste séparent ces deux points; ces 18 lieues sont coupées par quatre camps, ce qui réduit à 3 lieues et demie l'espace réellement parcouru avec huit hommes d'escorte; il y a loin de là à *traverser la province de Constantine avec huit hommes*. Nous croyons que M. Blanqui ne se hasarderait pas à parcourir, avec la même escorte, 18 lieues dans une autre direction dépourvue de camps.

Nous allons mettre ici sous les yeux du lecteur le jugement de ce savant sur le système adopté par M. le maréchal Valée, pour la province de Constantine. Nous donnerons d'abord le *contre*, ensuite le *pour*, tirés de son Rapport à l'Académie des Sciences morales.

CONTRE.

(*Page 91.*) Tant que durera cet état provisoire, tant que cette vaste province sera ainsi *séquestrée*, nous n'aurons qu'une question à faire; c'est celle de savoir combien il en coûte à la France pour tenir sous la clef huit ou dix postes d'une utilité militaire et politique fort contestable. Un tel dépôt n'est pas assez précieux, pour en payer la garde aussi chèrement.

(*Page 92.*) Que faisons-nous de Milah, de Jimmilah et de Sétif? Est-ce le mont Atlas que nous voulons mettre en prison?......... Voilà la grande erreur de Constantine. L'extension indéfinie, ruineuse et stérile de l'occupation; la mort sans but, la dépense sans espoir, le désert pour conquête!

(*Page 93.*) Je ne saurais comprendre un approvisionnement de terres que nous ne voulons pas donner à cultiver, pas plus que je ne concevrais d'immenses acquisitions de domaines uniquement pour entretenir des jardiniers et des intendans.

(*Page 95.*) Certes, les habitans de Constantine ont eu beaucoup à se louer de l'humanité de nos soldats. Notre Gouvernement est plus doux, même dans ses rigueurs, que ne le fut jamais celui d'Achmed; et pourtant Constantine est aujourd'hui *désolée*, ébranlée jusqu'en ses fondemens, comme par un tremblement de terre, et nos espérances de commerce, de caravanes s'évanouissent comme tant d'autres se sont évanouies! Quel avertissement pour nous arrêter au moins sur la route périlleuse des conquêtes!

POUR.

Nous diviserons le *pour* en deux colonnes, parce que les assertions de M. Blanqui ont besoin de rectifications.

Texte de M. Blanqui.	Rectifications.
(*Page 90.*) On y (dans la province de Constantine) a respecté l'ancienne constitution civile du pays, et l'entrée en a été interdite aux colons européens. Nous y commandons par l'intermédiaire des autorités indigènes, auxquelles nous avons donné l'investiture du pouvoir qu'elles exercent. Nous occupons la capitale et plusieurs points fortifiés; on nous paie *des tributs*, on nous *fournit des contingens d'hommes*. Les *proconsuls* indigènes portent le nom de kalifas, et nous ne leur avons ravi de leur ancienne autorité, que le *droit d'ordonner des exécutions à mort*.	Les autorités indigènes n'osent siéger dans leurs districts; elles n'y vont qu'avec des colonnes françaises. Elles n'existent qu'*in partibus*. Les scheiks qui résident dans les tribus sont ceux qui y étaient avant nous et que nous avons confirmés, faute de pouvoir les déposséder. On ne nous paie que les tributs que nous allons chercher les armes à la main. Des pillards marchent avec nos colonnes, mais jamais sans nous, pour nos intérêts. Les contingens d'hommes consistent en spahis chèrement payés. M. Blanqui appelle, avec raison, les kalifas des *proconsuls;* ils en ont toute la rapacité, et s'ils pouvaient siéger dans leurs gouvernemens, ils ne se feraient point faute de couper des têtes.
(*Pages 96, 97.*) Dans le peu	Si M. Blanqui s'était donné la

de paroles qu'il me fut permis d'échanger avec eux (les personnages les plus importans de la province de Constantine), j'ai pu me convaincre de l'immense progrès que la *fusion* avait déjà fait à Constantine, et je n'hésite pas à considérer ce résultat comme aussi honorable pour M. le Gouverneur-Général, que la prise même de la ville. C'est, selon moi, le fait le plus décisif qui se soit manifesté en Afrique depuis la conquête de 1830, et celui-là seul suffirait pour nous rassurer complétement sur son avenir. Nous aurons donc mieux *réussi*, jusqu'à ce jour, sur les points où il n'y a pas eu de colons, que sur ceux où ils se sont établis.....

Si, comme tout nous porte à l'espérer, malgré les événemens qui viennent d'éclater, cette partie de nos provinces demeure entièrement paisible, un grand problème aura été résolu, et les inconvéniens résultant de l'occupation de Constantine, de son éloignement de la mer, de la mortalité des camps, disparaîtront peu à peu, à mesure que notre autorité s'affermira. Les kalifas que nous avons installés ont intérêt à nous rester fidèles; ce sont de véritables feudataires dont la fortune et la vie dépendent du maintien de notre suzeraineté. *Nulle querelle n'est à craindre entre les indigènes et nos colons, puisque ceux-ci sont exclus du territoire conquis......*

(*Page 98.*) Dans l'hypothèse très-probable de la réussite définitive du système adopté dans la province de Constantine, les habitans reviendront peu à peu à leurs anciens travaux, et les

peine d'expliquer ce qu'il entend par le mot *fusion*, ce passage, qui est incompréhensible pour nous et pour tous les Français de l'Afrique, pourrait peut-être signifier autre chose qu'une fade louange à M. le maréchal Valée. Comment peut-il s'opérer une fusion, puisque les colons sont pourchassés à outrance ? Et que veut dire cette phrase de la page 95, lig. 16 ? « La physionomie de la »population était bienveillante;... »mais quelle tristesse il était facile »de voir au milieu de ces démons»trations empressées! »

Réussi, à quoi?

Quel est ce problème?

L'institution des kalifas n'a pas plus de chances d'avenir que celle des beys nommés depuis dix ans, pour exploiter les Arabes à notre profit.

Un esprit sérieux aurait dû se dispenser de cette bouffonnerie.

Ce sera effectivement un grand avantage : la dépense annuelle, pour la province de Constantine, est de 13,500,000 fr., et la recette totale du bey était de 951,640 fr. que nous quadruple-

revenus publics levés en notre nom par les kalifas, pourront se rapprocher du chiffre qu'ils avaient atteint avant l'époque de la conquête. Nous en avons déjà la preuve dans l'accroissement très-rapide des exportations de bestiaux et de cuirs par le port de Stora.......

rons, pour qu'on ne nous accuse pas d'exagérer en moins, soit 3,806,560 fr. (Voir la note 1 de notre premier ouvrage déjà cité, pag. 9.)

Pour un économiste, M. Blanqui émet une singulière opinion; il vante des importations en France contre du numéraire. — Nous pensions que, pour être profitables, elles devraient se faire en échange des produits de la France (Voir le Tableau de la douane de Bone, pour 1838, pages 21, 22 et 23 de l'ouvrage cité ci-dessus). On reconnaitra aisément que les importations sont à l'usage des Européens d'Afrique et non des Arabes.

Voir l'article ci-dessus intitulé *Contre*, pag. 10, *la mort sans but*, etc.

(*Page 99.*) La France peut donc espérer que le sang glorieux versé pour la conquête, ne sera pas perdu.

(*Page 100.*) C'est le succès du système de Constantine, qui a déterminé la reprise de l'expérience à Blida et à Koleah, ces deux villes que M. le Gouverneur a séquestrées avec moins de *bonheur* que la vieille capitale de Massinissa.

Nous croyons que M. le maréchal Valée ne se doutait pas qu'il fît de belles et grandes expériences, et que c'est M. Blanqui qui le lui a appris.

Qu'on compare le *Pour* et le *Contre;* il est impossible de rassembler plus de contradictions en moins de lignes. Que doit-on penser de la judiciaire de M. Blanqui? Mais, ce n'est pas tout; comparons ses opinions sur les provinces de Constantine et d'Alger; comprenons, si cela est possible, la conclusion qu'il en tire.

Province de Constantine.

(*Page 84.*) En arrivant d'Alger à Philippeville, on se croirait dans une contrée tout-à-fait nouvelle, si le costume et la lan-

Province d'Alger.

(*Pages 4 et 5.*) En arrivant à Alger, le voyageur est frappé de l'aspect si nouveau et si étrange de cette ville blanche, bâtie en

gue des habitans ne rappelaient pas encore le caractère général de la terre africaine; mais, on ne trouve plus, dans cette région écartée, le mouvement et la vivacité qui produisent tant d'impression sur l'observateur placé à Alger. La solitude et le silence ont succédé ici à la physionomie animée du Sahel: au lieu d'un port encombré de navires, vous abordez une rade presque entièrement déserte, triste, mal assurée contre les vents régnans, et qu'il faut se hâter de fuir dans la mauvaise saison. Stora est son nom, et les vieux restes de ruines romaines dont elle est entourée, attestent que la colonisation y fut essayée avant nous par un grand peuple: ce sont des ruines de citernes immenses, bâties en briques, vestibule sévère et significatif du pays de la soif. A quelques milles de là, nous avons improvisé, depuis 15 mois, l'établissement naissant de Philippeville.—Premier contraste et déjà digne d'attention: Stora n'a point de ville et Philippeville n'a point de port.

La route qu'on suit aujourd'hui, aboutit au golfe de Stora, qui est le port de Philippeville; je dois dire à l'Académie que c'est un affreux cloaque et dont l'emplacement, excellent *sans doute* sous le point de vue militaire, m'a semblé l'antipode de toute fondation coloniale. Il n'y a pour toute *aigade*, qu'un seul puits creusé par nos soldats et qui a besoin d'être gardé, pour qu'on ne se dispute pas jusqu'à effusion de sang, le peu d'eau médiocre qu'il renferme........

(*Page 88.*) Mes yeux ne pouvaient ... amphithéâtre et resserrée dans une enceinte de hautes murailles crénelées. Ses environs sont couverts de maisons de campagne entourées de grands arbres, d'une végétation florissante; son port est encombré de navires; ses quais sont obstrués d'une foule animée qui rappelle le mouvement de nos plus grandes villes. A mesure qu'on pénètre dans les rues, la surprise redouble, en les voyant bordées de maisons neuves bâties à l'européenne, et garnies de magasins élégans.

Des émigrans nombreux, venus des îles Baléares, de Malte, des côtes de l'Italie, de l'Allemagne même et de la Suisse, sans parler de ceux qui arrivent de France, remplacent peu à peu les Maures, les Turcs et les Arabes, obligés de prendre la fuite devant une civilisation bruyante, laborieuse et indiscrète.....

(*Page 6.*) Les maures ont beau se barricader et surveiller leurs demeures, cernées de toutes parts, la civilisation les poursuit, renverse toutes les barrières et fait tomber tous les voiles....

(*Page 8.*) Les cultivateurs de la banlieue d'Alger n'ont pas moins profité de l'accroissement de consommation occasioné par notre présence, si l'on en juge par leur empressement à approvisionner chaque jour le marché de cette ville, de toutes sortes de denrées. J'ai rarement manqué, pendant mon séjour à Alger, d'aller observer, dans les moindres détails, ce marché curieux, et je l'ai toujours trouvé fourni de toutes choses, avec autant d'abondance, sinon de variété, que la halle de Paris....

vaient se détacher du spectacle dont ils étaient témoins. Je dévorais du regard ces immenses solitudes, d'une physionomie majestueuse et tourmentée, qui s'étendaient vers un horizon sans bornes, le plus souvent sans un seul arbre, sans un buisson pour reposer la vue....... Mais, de la colonisation, de la richesse, des productions, je n'ai rien vu nulle part, si ce n'est des troupeaux.

Tel est l'aspect général de la campagne entre Stora et Constantine ; il n'y a pas un seul hameau, un seul douair (village) de quelque importance. On marche souvent cinq heures sans trouver une seule plante, fût-ce de l'ortie ou du chardon......... Quelques rares torrens laissent à peine suinter, durant l'été, de l'eau verte et croupie sur un fond de cailloux. Deux ou trois oasis égarées dans ces affreuses solitudes y représentent seules la nature vivante. Tout le reste est nu, inanimé, dépouillé. Ce n'est pas que la terre manque à l'homme et soit de qualité inférieure ; au contraire, elle est partout grasse et féconde, et ses couches épaisses qui se couvrent d'herbe au printemps, nourriraient une végétation admirable: *mais l'homme manque*, et surtout un système de culture moins hostile au reboisement que le parcours.

On sent, en parcourant cette ville africaine, que sa vitalité a quelque chose d'énergique qui annonce la richesse et la force. Toulon, malgré son arsenal et sa marine, a l'air d'une cité ruinée......... Jour et nuit, les vieilles maisons s'écroulent, pour être remplacées par des édifices réguliers, spacieux ;.....

L'activité dévorante du génie européen amène donc assez rapidement la disparition de la race indigène du plateau d'Alger, et il n'est pas difficile de prévoir l'époque à laquelle toute cette partie de l'ancienne régence sera presque exclusivement peuplée de Français. Le même mouvement de retraite se manifeste dans tout le Sahel, dont les campagnes sont envahies par les colons.

(*Page 17.*) La population rurale arabe diminue également tous les jours et nous cède la place........ *Nulle fusion n'a pu s'opérer jusqu'à ce jour entre les indigènes et nous.* On a vu beaucoup de Français adopter le costume arabe; aucun Arabe n'a encore adopté le costume français.

(*Page 19.*) Quelques faits relatifs au commerce témoignent, plus vivement encore, du mouvement progressif de la prospérité coloniale, etc.....

(*Page 103.*) La sève exubérante qui bouillonne à Alger, n'a produit encore, sur notre arbre colonial, que des branches gourmandes ; mais, la richesse de sa végétation nous promet des fruits abondans et savoureux. C'est une question de culture et de temps. Qu'étaient, après dix ans, toutes les colonies dont on vante

> aujourd'hui la splendeur? Aucune d'elles n'a offert, au même âge, le spectacle animé du mouvement qui règne à Alger, *aucune n'avait amené à maturité* autant d'élémens de richesse et de prospérité........

Tels sont les deux tableaux que M. Blanqui trace des provinces de Constantine et d'Alger : la première marche par l'impulsion du génie de M. le maréchal Valée, et la seconde, par la force qui gît dans les colons. Peut-on se demander actuellement où est le bien et où est le mal? La réponse est dans les faits observés par M. Blanqui lui-même, plus que dans son absurde conclusion, page 97. « *Nous aurons donc mieux réussi jusqu'à ce jour sur les points où il n'y a pas eu de colons, que sur ceux où ils se sont établis.* »

Son Rapport à l'Académie, d'un style piquant et spirituel, annonce de la sagacité et beaucoup d'esprit; mais un jugement sain nous paraît son côté faible.

Comment concilier les aberrations de logique contenues dans l'œuvre de M. Blanqui, avec la solennité des paroles suivantes (page 82 de son Mémoire) : « J'ai besoin de me » rappeler en ce moment que je parle devant une assemblée » d'hommes graves, et dans une circonstance solennelle pour » mon pays. La vérité seule, sans faste ni faiblesse, doit se » faire entendre ici, et je croirais manquer au premier de mes » devoirs, si je la trahissais en vue d'aucun intérêt d'utopie » ou de vanité nationale. »

Nous arrêterons ici nos réflexions sur l'ouvrage de M. Blanqui.

Lorsque les départemens de la Seybouse, du Bouzaria et de la Tafna seront cernés par de bonnes routes retranchées, et nos troupes installées d'une manière salubre, les populations européennes, arrivant en foule, produiront sur les Arabes *l'effet dévorant de la civilisation;* ils s'éloigneront, si mieux ils n'aiment rester au milieu de nous, en adoptant notre législation et nos mœurs.

Au dehors de nos lignes, il faudra les surveiller, mais ne

plus se leurrer de l'espoir d'en tirer des impôts trop chers à recueillir. Il sera nécessaire de leur créer des centres de ralliement, afin, comme nous l'avons dit, de prévenir l'élévation future de tout fanatique, tel qu'Abd-el-Kader. Nous avions proposé de nommer Jussuf, bey de tous les Arabes hors de nos lignes, en ne lui imposant d'autres conditions que de régner sur eux à la manière des Turcs, en lui fournissant les munitions et les armes dont il aurait besoin : peut-être cette tâche serait-elle trop forte pour un seul homme. Nous la diviserons en deux parties : Jussuf aurait les provinces de l'est (voir la carte), et le général Mustapha, la partie de l'ouest. Ce dernier a des racines dans la province d'Oran ; malgré le peu de satisfaction qu'il a reçu de nous, il nous a été fidèle. Il a dans les tribus des Douayres et des Smelas un excellent noyau pour commencer son œuvre. Il est ennemi acharné d'Abd-el-Kader, et si nous lui donnons carte-blanche, il nous en aura bientôt débarrassé. On se rappelle qu'il l'avait à peu près détruit, lorsque le traité du général Desmichels vint lui ravir les fruits de sa victoire. Tlemcen sera le siége de sa puissance, en attendant qu'il puisse se fixer à Teghedempt.

Jussuf serait installé à Setif, avec un noyau de troupes indigènes et les Français de bonne volonté qui voudraient se mettre à son service.

Ces beys n'auraient aucun compte administratif à nous rendre; ils n'auraient d'autre mission que de maintenir les Arabes, et de nous prévenir de leurs projets hostiles. Ils solderont, avec les impôts qu'ils lèveront hors de nos lignes, les troupes qu'ils entretiendront, et pourront même nous fournir des chevaux et du bétail en échange des munitions et des armes dont ils auraient besoin.

Le général Mustapha et Jussuf connaissent la France ; ils ont vu Paris, et ne pourront se bercer d'aucun espoir de nous chasser d'Afrique et de nous y succéder ; ils auront un véritable intérêt à nous servir fidèlement.

On remarquera ici que nous ne proposons point la création de ces deux beys, pour continuer le charlatanisme arabe ; nous ne donnons au trésor aucun espoir d'encaisser de riches impositions ; nous proposons ces deux fonctionnaires comme une nécessité qu'il faut subir pour le moment, et notre choix tombe sur les deux hommes du pays qui offrent le plus de garanties.

Au moment où nous écrivons ceci, les Journaux du Midi nous apprennent que le scheik El-Arab-ben-Gannah vient de remporter une victoire sur un lieutenant d'Abd-el-Kader. M. le maréchal Valée et M. le général Galbois se complaisent à exalter ce fait, comme la preuve que le système arabe de la province de Constantine est en voie de progrès.

S'ils voulaient mettre la moindre apparence de bonne foi dans leurs argumens, ils auraient fait connaître la cause du combat qui a eu lieu entre le scheik El-Arab et Ben-Azzous, cause qui n'est douteuse pour aucun des hommes qui ont habité, comme nous, l'Afrique pendant 9 ans. Ben-Azzous venait pour lever des contributions dans une province qui doit être riche, puisque, depuis 3 ans bientôt, le scheik El-Arab, ou grand scheik du Désert (Voir note 1 de notre première brochure, page 74), le scheik Tuggurt, le scheik Sahara-Garbia, etc., qui payaient à eux seuls 500,000 boudjoux par an au bey de Constantine, n'ont rien payé à personne.

Ben-Gannah a défendu son argent, ses troupeaux, ses biens, plutôt que le système de M. le maréchal Valée. Remarquons surtout ce qu'il dit, en envoyant son sabre au général Galbois : « J'en ai fait bon usage ; c'est ainsi que tous les » Arabes *alliés* aux Français doivent prouver leur fidélité et » leur dévouement. » Il ne se considère que comme *allié* de la France, et cela durera tant que nous aurons des sabres, des *Gandouras* et autres distinctions à lui donner ; mais, qu'on le soumette à un impôt et qu'on fasse mine d'aller le recueillir, nous verrons ce que deviendra cette fidélité à notre alliance.

Pour nous, il ressort de ce fait que Ben-Gannah est un homme dangereux qui nous donnera des embarras lorsqu'il le voudra. S'il a envoyé les oreilles des fantassins d'Abd-el-Kader, il n'a voulu que nous donner une idée de sa puissance et nous prouver qu'il la considère comme supérieure à celle d'Abd-el-Kader ; il espère nous endormir par ses assurances de fidélité ; il s'est bien gardé de nous faire hommage des canons qu'il a pris et qu'il réserve sans doute pour s'en servir contre nous. N'oublions pas que nous sommes dans le pays de la foi punique. Ne commettons pas, pour Ben-Gannah, la niaise erreur de M. le maréchal Valée à l'égard d'Abd-el-Kader, et gardons-nous de laisser grandir un scheik qui a fait éprouver à l'Émir un échec plus grand que nous n'avons pu le faire jusqu'à présent.

CONCLUSION.

Dans l'ouvrage que nous livrons à la publicité, nous avons, en faveur de la conservation de l'Algérie et de l'adoption d'un système propre à la grandir rapidement, invoqué l'honneur et la gloire de la France; nous l'avouons cependant, nous n'avons pas une grande foi dans notre appel à ces sentimens; ils ne sont plus compris aujourd'hui, si ce n'est par le peuple chez lequel vit encore, si énergique, le souvenir des temps héroïques de la patrie.

L'affligeant spectacle des luttes incessantes d'intérêts privés entre les ministères et les législateurs; la tendance toujours croissante que de prétendus régénérateurs des Gouvernemens apportent à l'avilissement de la majesté du Trône et à l'anéantissement du pouvoir royal; le *positivisme* et l'*égoïsme* qui animent les sommités de l'époque, nous laissent peu d'espoir d'être compris autrement que par la puissance des chiffres.

Les temps sont bien changés; le mot sublime de Louis XIV, « *L'État, c'est moi!* » si admiré de Napoléon, est aujourd'hui calomnié par les hommes qui ne peuvent concevoir une pensée grandiose. Dans la bouche du Grand Roi, ce mot était vrai; car, dans sa pensée, il ne séparait pas la grandeur de la Nation de la sienne. Louis XIV était le *Roi* devenu *Nation*, de même que Napoléon était la *Nation* devenue *Empereur*. Que nous offre-t-on aujourd'hui en échange des fréquentes inspirations de génie de la royauté déchue ? une *stupration* politique (1), qui paralyse les forces génératrices de la France.

Dans cet ouvrage, la langue des chiffres, la seule que le *positivisme* comprenne, n'a pas été négligée ; c'est également la seule que nous parlerons dans cette conclusion.

Depuis 1830, l'Algérie coûte à la France de 30 à 40 millions par an, ce qui fait un capital de près de 400 millions dépensé; et pour quel résultat?

Cent cinquante millions ont été absorbés par les expéditions dans l'intérieur. Un bon nombre des 250 autres millions ont été dépensés en travaux provisoires, dont il ne reste presque pas de traces. Tout ce qui a été construit un peu solidement en Afrique, ne représente pas un capital de plus de 10 à 12 millions.

L'Algérie ne produit pas un hectolitre de blé du fait de nos agriculteurs ; pas un seul troupeau ne paît actuellement sur des terres à l'abri des incursions des Arabes : une simple levée de boucliers d'un marabout affame les populations et l'armée; et si la voie de la mer nous eût été fermée, où en serait l'Algérie qui nous a déjà coûté 400 millions et le sang de 60 mille hommes de l'élite de notre population?

Actuellement les 60 mille hommes de l'armée et les 20 mille européens qui habitent notre nouvelle France, ne vivent que du pain et des viandes que la métropole leur envoie. On ne peut semer que dans les terrains labourés par nos boulets. Ailleurs il n'est pas possible de tracer un sillon en sûreté.

Veut-on savoir ce qu'on aurait pu faire avec les 400 millions engloutis? On aurait pu, en suivant le système d'occupation partielle et successive, entretenir 35,000 hommes, construire toutes les routes retranchées que nous proposons,

(1) Il est à remarquer que, depuis que l'Angleterre prévoit les embarras d'une guerre avec Naples et les États-Unis, la question d'Orient paraît tirer à sa fin; tout au profit de l'Angleterre, c'est-à-dire, qu'elle s'assoupit pour être réveillée plus tard, quand il en sera temps pour Albion : il est de toute évidence que la France est jouée de la manière la plus honteuse.

ainsi que les casernemens dans des maisons carrées crénelées, pour ces 35 mille hommes; acheter plus de vingt mille chevaux pour la cavalerie; installer progressivement autour des blockhaus en pierres de nos routes, 50 mille familles d'anciens militaires cultivateurs, composées de 4 personnes chacune, et formant une population agricole et guerrière de 200 mille individus. Ces 50 mille familles, pour chacune desquelles on aurait fait une avance d'un millier d'écus, auraient occupé une surface de plus de 300 lieues carrées, à raison de 600 habitans par lieue carrée; et, en répartissant ces 300 lieues entre les trois départemens de la Seybouse, du Bouzaria et de la Tafna, on aurait formé autour de chacun d'eux, une zone de une lieue et demie de largeur contiguë intérieurement à chaque route retranchée, et couverte d'une population douze fois plus dense que celle des Arabes.

La sécurité étant ainsi établie, on aurait pu concéder 2,361,000 hectares de terres cernées par les zones de colons militaires, qui, payées à raison d'une rente moyenne de 4 fr. par hectare, auraient pu donner un revenu de 9,446,400 fr.

Ces 50,000 familles de colons militaires ne seraient pas éloignées de pouvoir rembourser les avances faites pour elles. Le pays produirait abondamment du grain, des fourrages et des bestiaux, pour lesquels on ne serait plus obligé de recourir à l'Europe. Les populations civiles seraient venues peupler avec rapidité les espaces protégés, et en peu de temps on aurait eu en les recevant, à raison de 600 par lieues carrées, un surcroît de 885,600 Français, qui, joints aux 200,000 colons militaires, peupleraient nos trois départemens, à raison de 361,866 âmes pour chacun.

On serait à la veille d'avoir, pour les seules terres des colons civils, un revenu annuel de........	7,680,000 f.
Pour une population de 1,085,600 habitans, l'impôt que l'on ne percevrait après 10 ans et pendant 40 ans, qu'à raison du quart de celui qu'on paie en France...........	9,046,650
Annuellement un revenu total....	16,726,650 f.

Tel est le résultat qu'on aurait pu obtenir, au bout de dix

ans, avec 400 millions bien employés, au lieu d'en être réduit à *grapiller* quelques centaines de mille francs sur les douanes et sur les besoins du soldat et des colons, pour faire face à 40 millions de dépenses annuelles.

Dix autres années du système actuellement en vigueur engloutiront, sans fruit, encore plus de 400 millions; car la position s'aggrave de jour en jour. Si l'Angleterre soutient ouvertement les Arabes, nous serons obligés d'avoir 100,000 hommes en Afrique. Mais si nous employons à peupler promptement l'Algérie les sommes votées annuellement, aucune puissance ne pourra nous en chasser.

Voilà pour les chiffres. Résumons également d'autres considérations bien puissantes, que nos législateurs *propriétaires* doivent méditer. L'émeute rugit de toutes parts en France. Ici, c'est par le manque de travail de la classe ouvrière; là, c'est par la cherté des vivres et l'abaissement des salaires. C'est en vain que les lois sévissent; elles deviennent de jour en jour plus impuissantes, sans le secours de la force armée.

Ne comprend-on pas que l'excédant de la population, aujourd'hui de 4 millions d'hommes, et qui, dans moins de 30 ans dépassera 8 millions, causera la catastrophe qui menace la France; qu'alors le cinquième de la population, poussé par le désespoir et le besoin, s'élèvera contre la propriété et l'industrie impuissantes à le faire vivre? Les 8 à 10 millions d'artisans vivant déjà de privations, ne s'armeront certainement pas pour la défense des heureux du siècle.

Ces considérations n'ont besoin d'aucun développement pour être comprises. Les événemens de Lyon, et les soulèvemens qui ont lieu tous les jours sur toutes les parties de la France, prouvent assez que nous devons non-seulement conserver l'Algérie, mais encore la peupler et la rendre florissante.

On n'y parviendra qu'aux conditions suivantes:

1° La promulgation d'une loi qui réunisse l'Algérie à la France, et abolisse à jamais le gouvernement colonial actuel.

2° La mise en franchise des ports, pour une période de 50 ans au moins.

3° La définition de la propriété en Afrique, et son assiette établie d'une manière analogue à celle de la France.

4° Enfin, une attitude forte en Orient : l'alliance avec la Russie nous en offre le moyen.

Telles sont les conditions expresses du progrès. Si le Ministère ne les accepte pas franchement, nous ne craignons pas de le dire, il faut qu'il ait le courage de renoncer à l'Algérie, de proclamer l'inhabileté du Gouvernement. La France ne peut se satisfaire d'une collection de bulletins, achetés déjà au prix de 400 millions de fr. et du sang de 60,000 soldats.

L'amour que nous avons pour notre pays, nous fait désirer vivement que la France n'abandonne à personne l'œuvre de la civilisation africaine. Cependant, si contre tout espoir on trouvait à traiter de l'Algérie avec une Compagnie qui acceptât les charges de l'occupation, *nous nous réservons de lui faire connaître les conséquences du pacte qu'elle fera avec le Gouvernement, et à quelles conditions elle pourra concevoir quelque espérance de succès.*

Avant de terminer, nous nous ferons cette question : Pourquoi M. le maréchal Valée est-il maintenu au gouvernement de l'Algérie, malgré son incapacité *universellement constatée* (1) ?

On a prétendu qu'on ne pouvait briser entre ses mains, à la face de l'Europe, son bâton de maréchal, et lui enlever l'honneur d'une campagne.

Mais l'honneur de la France est-il moins précieux que celui de M. le maréchal Valée? Que lui doit-on? N'a-t-il pas été magnifiquement récompensé? Est-ce un homme politique à ménager? Est-ce à ses débiles mains que serait confié le salut de la patrie dans un danger pressant?

N'a-t-on pas abreuvé de dégoût M. le maréchal Clausel,

(1) Quels que puissent être les bulletins de la campagne qui se fait actuellement, l'Europe n'en sera pas dupe. Il n'y a rien de glorieux pour des chefs à repousser des Arabes indisciplinés, avec 20 mille hommes des meilleures troupes et une nombreuse artillerie. Cette comédie ne saurait se prolonger sans ridicule. Sans doute il y aura des faits d'armes dignes de l'armée française ; mais feront-ils que la colonie en soit moins ruinée par M. le maréchal Valée? L'audace des Arabes prouve suffisamment que ce gouverneur a détruit le prestige du nom français en Afrique, et les sommes employées à cette nouvelle guerre témoignent hautement que sa gestion a été non-seulement stérile, mais désastreuse.

après la première expédition de Constantine? A-t-on craint de briser son bâton de commandement, en lui refusant de prendre une éclatante revanche? Ne lui a-t-on pas arraché le gouvernement d'un pays où il est justement aimé et apprécié?

S'il est vrai que la gloire de M. le maréchal Clausel n'a pas besoin, pour *être*, des faveurs ministérielles, il est encore plus vrai que l'Algérie avait besoin de lui pour grandir rapidement. Cette vérité est tellement sentie de nos ennemis, qu'on a offert à cet illustre maréchal, plus de cent millions pour qu'il consentît à décider la France à l'abandon d'Alger.

Si M. le maréchal Valée est conservé plus long-temps à Alger, il sera permis de penser qu'une séduction plus forte encore, est *diplomatiquement* tentée pour son maintien à la tête de notre conquête. En effet, si une offre d'argent a été inefficace pour obtenir qu'un gouverneur trahît lui-même sa patrie, nos ennemis ont habilement pensé qu'arriver à la ruine de nos établissemens en Afrique par une gestion désastreuse, est un moyen aussi sûr, quoique plus lent, de déterminer la France à l'abandon d'un pays qui coûte tant d'argent et tant d'hommes.

Mais, comme nous l'avons dit, la diplomatie n'a plus de secrets; la volonté de la France est de civiliser l'Afrique; le Roi a déclaré solennellement que sa volonté est d'accord avec celle de la nation. Espérons donc que ces deux volontés briseront les misérables obstacles qui entravent la marche progressive de l'Algérie, et qui paralysent les efforts de ses habitans.

FIN.

NOTA. Nous avons appris par les journaux la nomination de M. le général Schramm aux fonctions de chef-d'état-major général, lorsque déjà la page 30 du présent ouvrage était imprimée. Sa position entre le maréchal Valée et son gendre sera critique : l'intention de l'éloigner de ses fonctions s'est déjà manifestée lors de l'inutile expédition du Fondouk. Ainsi, notre observation de la page 30 n'en subsiste pas moins.

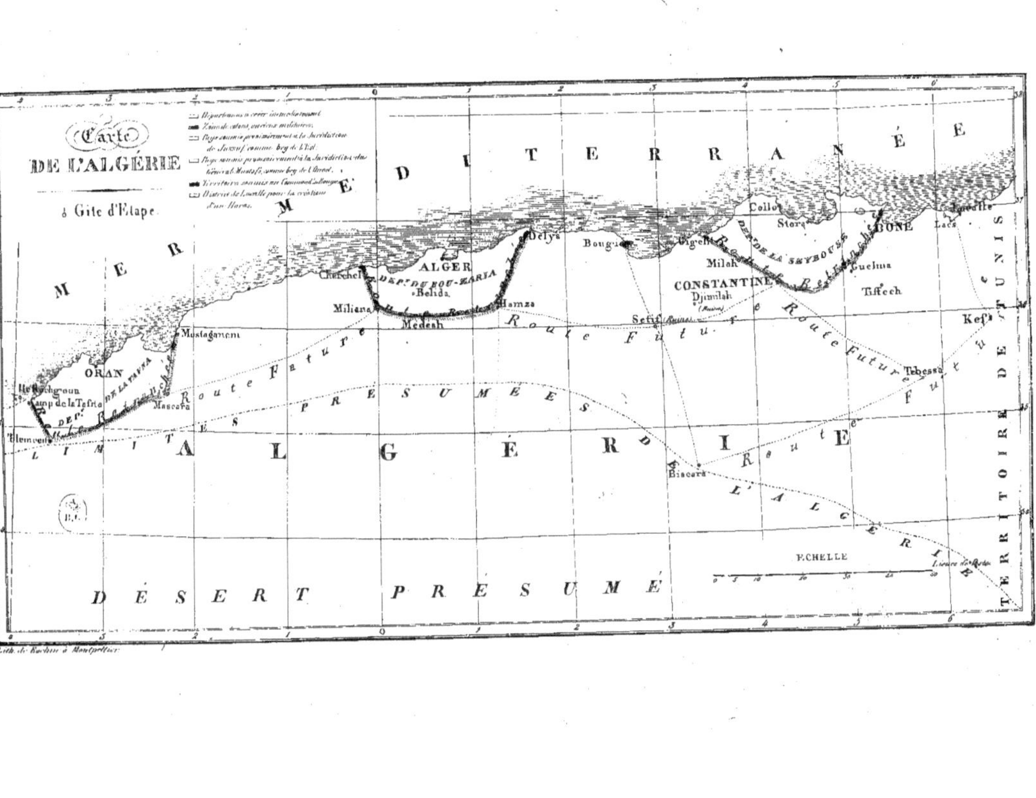
Carte
DE L'ALGÉRIE
o Gite d'Etape
MER MÉDITERRANÉE
ALGER
DEPT DU BOU-ZARIA
Cherchel
Belida
Miliana
Medeah
Hamza
Delys
Bougie
Gigelli
Collo
Stora
BONE
Lacalle
Lacs
Guelma
Tiffech
Milah
CONSTANTINE
Djimilah
(Ruines)
DEPT DE LA SEYBOUSE
Sétif
(Ruines)
Kef
Tebessa
Mostaganem
ORAN
DEPT DE LA TAFNA
Mascara
Camp de la Tafna
Tlemcen
Route Future
LIMITES PRÉSUMÉES DE L'ALGÉRIE
ALGÉRIE
Biscara
TERRITOIRE DE TUNIS
ÉCHELLE
DÉSERT PRÉSUMÉ
Lith. de Boehm à Montpellier

www.ingramcontent.com/pod-product-compliance
Lightning Source LLC
LaVergne TN
LVHW020345230826
846091LV00003B/993